CHINA'S
MEGA PROJECTS
中国超级工程丛书

CHINA AEROSPACE

中国航空航天

聂震宁 总顾问

陈 馈 王江卡 周 蓓 主编

河南科学技术出版社
· 郑州 ·

"中国超级工程丛书"编委会

前言 PREFACE

有这样一些工程被誉为“超级工程”，它们通常规模宏大、技术复杂，一般应用多项突破性的科学技术，而且在所建造的时代，它们具有代表性和象征意义。

“超级工程”推动了社会的发展，甚至成为一个国家国力强盛的标志，影响深远。

如今，中国的“超级工程”，因其建设的难度大、速度快、科技含量高，已引起世人的高度关注。

为了把这些体现中国人智慧的“超级工程”展现给广大的小读者，“中国超级工程丛书”编著团队从小学高年级学生和中学生的视角出发，从专业的工程建设信息中筛选出小读者感兴趣的知识点，让小读者在阅读中感受“超级工程”带来的震撼，了解这些了不起的工程背后的有趣故事。

读以致用、读以致知、读以修为、读以致乐，通过令人耳目一新的阅读之旅，小读者可以了解当今中国先进的制造业、国际领先的设计水平、无与伦比的施工效率，以及高性价比的产品和服务。阅读这套丛书可帮助小读者树立科学信念与志向，发扬锲而不舍、勇于实践、乐于协作的科学精神。

“超级工程”也凝结了无数建设者的智慧和汗水。小读者捧起这套丛书，从字里行间就能体会到他们百折不挠、不畏艰辛的精神，严肃谨慎、精益求精的态度。而这些让人敬佩的建设者也深深感动着、激励着编著团队！

此外，这套丛书还有丰富、精美的插图，它们能生动地解析复杂的科技原理，把生涩难懂的内容变得鲜活有趣。

阅读这套图文并茂的工程科普图书，可以让小读者化身小小建设者，发现工程建设中遇到的各种挑战，跟着工程师们一起，突破自我、勇敢前行！

CONTENTS

目录

『从今去，任东西南北，作个飞仙。』早在古代，人类就幻想翱翔蓝天，飞机的发明开辟了人类航空史上的新纪元，从此人类真正插上了翅膀，得偿飞翔天空的夙愿。

第一章 飞机
C919

飞机动力探秘 18
借助空气的力量
喷气式发动机的“强悍”
神奇的直升机
飞行安全有保障

天高任我飞

飞机大观园

飞机是20世纪初的重大发明之一，在这之前，人类几乎牢牢地被地球引力限定在地面活动，交通工具主要是车、马等。飞机的发明，让人类可以像鸟儿一样脱离地面，翱翔于天地之间。通常所说的飞机，是指在大气层以内的空气中飞行的飞机，所以也叫作“航空飞机”。

如今，飞机广泛应用于军事和民用方面，含交通运输、侦察、农业服务、医疗救护等，对人类的帮助越来越大。飞机有不同种分类，按起落场所分类，可分为陆上飞机、水上飞机和水陆两用飞机等；按动力装置分类，可分为喷气式飞机和螺旋桨式飞机等。

喷气式飞机

喷气式飞机使用喷气发动机作为动力装置，靠燃料燃烧时产生的气体向后高速喷射时的反冲作用使飞机向前飞行，是目前最常见的飞机类型，适于高速飞行，最大平飞速度可达3倍声速以上。

螺旋桨式飞机

螺旋桨式飞机是利用螺旋桨作推进装置，将发动机的功率转化为推进力的飞机。这种装置目前广泛应用在一些支线客机和小飞机上。

水上飞机

水上飞机起飞时，螺旋桨发动机产生的拉力，就会拖着它在水面上快速滑跑，从而把飞机从水面上逐渐托起来，成为在空中飞行的“航船”。

水上飞机和陆上飞机都是由机体、机翼和发动机等部件构成的。不同之处在于它们的起落装置，水上飞机是用特殊设计的机身或浮筒实现水面滑行的，陆上飞机的起落则依靠带有轮胎的起落架。当水上飞机停泊在水上时，宽大机体所产生的浮力，就会使它成为一只可以在水上滑跑的“航船”。

水陆两栖飞机

水陆两栖飞机在水面和地面上都可以起降。水陆两栖飞机在机身或浮筒上装有可收放的起落架，在水上起降时收起，在陆上起降时放下。

你知道吗？

飞机的发明

1903年，美国人莱特兄弟驾驶着自己制作的飞机“飞行者1号”，开始了人类有史以来首次可操控的动力飞行实验。

1909年，由中国人冯如自行设计、研制、生产的第一架飞机“冯如1号”试飞成功，这标志着中国航空史的开端。

莱特兄弟发明的飞机

国产大飞机

大型客机的研发与制造，标志着一个国家的工业和航空水平。我国在飞机研发制造领域也付出了不懈的努力。其中，运 -5 运输机（简称运 -5）生产出来时，被称为我国“第一架多用途民用飞机”。而之后中国民用大飞机的研制走过了一段坎坷之路。如今，C919 客机的诞生，使我国百年“大飞机梦”终于现实。

运 -5 运输机

运 -5 是我国自主制造的第一种多用途飞机，1957 年首飞成功。它的特点是飞行稳定、安全可靠、运行费用少，且起飞距离仅为 180 米，主要用于运输、训练、航拍及农业活动等。

运 -5 运输机家族

运 -5 运输机延伸机型有运 -5B、运 -5 甲、运 -5 乙、运 -5 丙和运 -5 丁等。

C919 —— 中国自主研发的民用大飞机

2017 年 5 月，C919 客机的成功首飞，对我国航空事业的影响很大，可以说，后来其爬升的每一米，里程表跳动的每一格，都在刷新中国航空事业的纪录！

C919 客机是中短途商用喷气式飞机，机身全长 38 米，高度 12 米，座级 158 座至 192 座。标准航程是 4 075 千米，最大航程约为 5 555 千米，性能已达到国际新一代主流单通道客机的水平。

2006 年 1 月，大型飞机项目立项。

2008 年 11 月，C919 项目正式启动。

2015 年 11 月，C919 首架机正式总装下线。

2017 年 2 月，C919 完成多项重要试验后进入首飞准备阶段。

2017 年 5 月，C919 顺利完成首飞。

2022 年 8 月，C919 完成取证试飞。

2022 年 12 月，全球首架 C919 大型客机交付。

C919 客机

C 是 China 的首字母，也是中国商飞公司的英文缩写的首字母；9 在中国传统文化里面是最大的数字，同时又是“久”的谐音；19 即最大载客量可达到 190 多人。

自主知识产权

C919 是我国自己设计、研制、组装并命名的大型喷气式民用飞机。我国拥有 C919 的自主知识产权。

翱翔的战鹰

三代战机

一代战机歼 -5，二代战机歼 -6、歼 -7、歼 -8，三代战机歼 -10 系列（按四代分法）都是我国的军用飞机，像翱翔的战鹰保卫着祖国。

歼 -5

歼 -5 是单座单发高亚声速喷气式战斗机，主要用于昼间截击，具有一定的对地攻击能力。歼 -5 参照苏联米格 -17 型歼击机研制。

歼 -6

歼 -6 是我国研制的第一代单座双发超声速喷气式战斗机，实战中共击落 20 多架各型战机，而自己无一架被击落，创造了辉煌战果。歼 -6 在 2010 年正式退役。

歼-7

歼-7是单座单发超声速喷气式战斗机（两倍声速），其特点是成本低、效率高，使用维护简单。歼-7是以机炮为主转变到以导弹为主的转折型号，曾是我国最知名的军机出口品牌。

歼-8

歼-8是单座双发高空高速截击战斗机，是我国空军和海军航空兵20世纪80年代至21世纪初期的主力战斗机种之一。

歼-8具有高空、高速、大航程、高爬升率、强火力等特点。歼-8系列又包含白天型、全天型和非常出名的全天候高空高速的歼-8 II型。

歼-10

歼-10战斗机是中国第一款拥有完全独立自主知识产权的单座单发、轻型、多功能、超声速、全天候、采用鸭翼式布局的战斗机。

你知道吗？

阅兵式上接受检阅的飞机

在阅兵式上，一些飞机也会接受检阅。在国庆70周年阅兵式上，飞临天安门广场上空接受检阅的领队机梯队中，就有8架歼-10。

神秘的“20 家族”

“20 家族”是指我国在 21 世纪研发出来的具有国际先进水平的军用飞机，包括歼 -20、运 -20、直 -20 等飞机。

歼 -20（J-20，代号：威龙）双发重型隐形战斗机，是具备高隐身性、高态势感知、高机动性等能力的新一代歼击机。

2021 年，15 架歼 -20 组成空中梯队亮相中国共产党成立 100 周年庆祝大会。未来，歼 -20 将担负中国空军领空、领海的主权维护任务。

歼 -20

歼 -20 采用了双发、双垂尾、鼓包式进气道及上反鸭翼的鸭式气动布局，大边条及翼身一体式设计。

你知道吗？

飞机真的可以隐形吗？

目前世界上所有的飞机还都做不到视觉隐身，而隐形飞机不是完全“看”不见，隐形是指不容易被雷达发现、跟踪并被拦截和攻击，也就是降低飞机的可探测性。雷达侦察飞机，是通过向外发射电磁波，电磁波碰到飞机等障碍物就会被反射回来，雷达接收到反射信号就知道有情况。而隐形飞机可以吸收这些侦察的电磁波，或者让这些电磁波无目的地反射，让雷达无法捕捉飞机准确的位置信号。

运 -20（Y-20，代号：鲲鹏）是中国研究制造的新一代大型军用运输机。运 -20 和其他运输机有显著的不同，运 -20 的机翼是悬挂在机身外的，这样就能拥有更大的装载空间。

运 -20

运 -20 是大型的多用途运输机，有飞行距离长、载重量大、速度快等特点，可以实施全球快速机动。

直 -20

直 -20 具备全域、全时、全复杂气候环境出动能力，同时具有较大的扩展兼容性，可以执行运输、携带导弹和后勤支援等任务，负责警戒、侦察和补给，亦可作为驱逐舰舰载直升机执行巡逻、反潜、救援等任务。

直 -20 是一款 10 吨级中型双发多用途直升机，与运 -20 配合能够迅速地把陆军力量投放到指定区域，形成机动突击作战能力，从而给我国陆军插上“翅膀”。直 -20 分为陆航和海航两种。

飞机动力探秘

借助空气的力量

航空器飞行于大气层中，有的是非动力驱动的，像滑翔机、滑翔伞等；有的是靠动力驱动的，如飞机等。而飞机除了需要发动机的帮助，还需借助空气的力量才能飞上天。

不同的曲线弯曲程度

从侧面看，飞机机翼呈流线型，上下表面的曲线弯曲程度不同。机翼上表面曲线弯曲程度大；下表面弯曲程度小，几乎呈直线状。

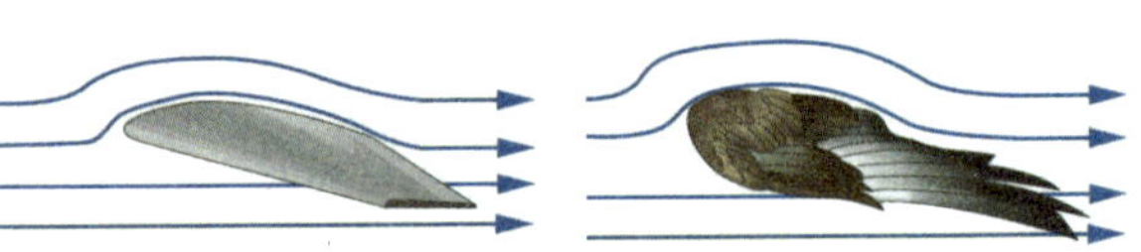

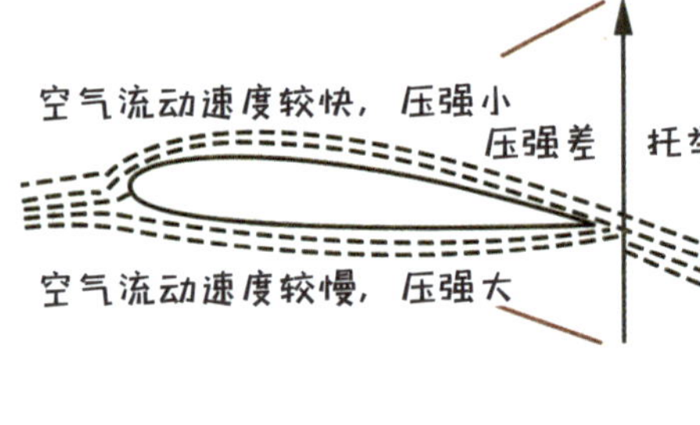

起飞的秘密

飞机机翼的设计灵感来自鸟儿翅膀。机翼采用弧线形设计，起飞时，机翼上面的空气流动快，压强较小；机翼下面的空气流动慢，压强较大。这样机翼上下就产生了压强差，形成了一个向上的升力，使飞机飞上天空。

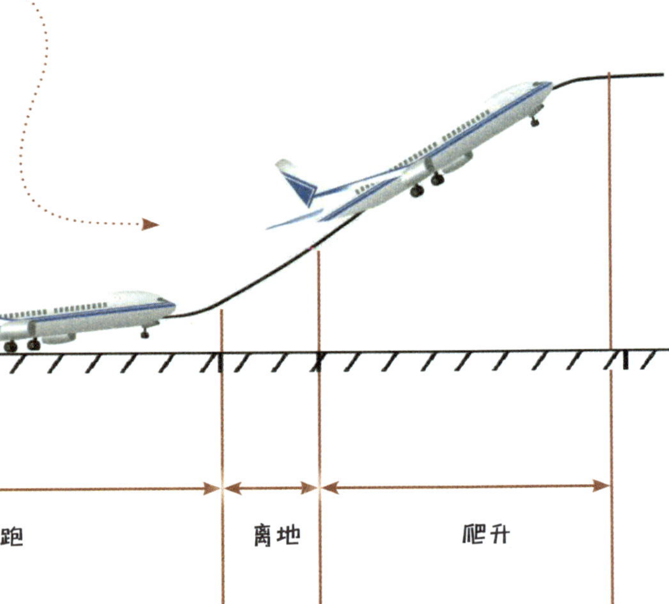

飞机在高空等速直线飞行叫平飞。平飞中作用于飞机的力有升力、重力、拉力（或推力）和阻力。飞机越重，需要的升力越大，进而需要的速度也就越大。另外，空气密度大，产生的升力大，那么平飞需要的速度就小。

平流层平飞

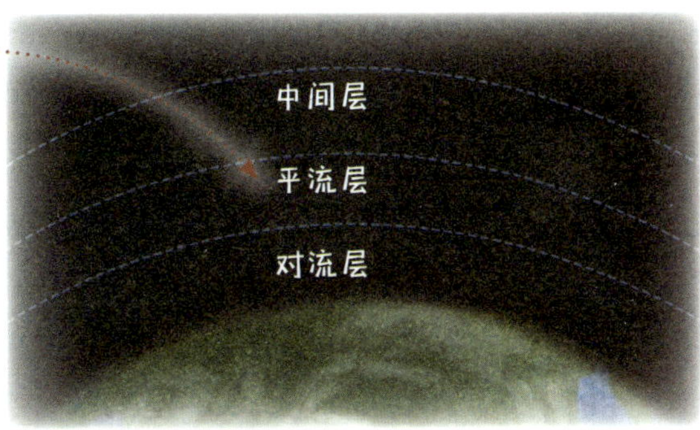

飞机通常不在对流层平飞，而是在平流层平飞。因为对流层有云层且多发生雨、雪、雷、电等天气现象。而平流层空气稀薄，飞行阻力小，相对安全，且节省燃料。

留在天上的小“尾巴”

天空中喷气式飞机飞过可能会留一条长长的“尾巴”，这条“尾巴”叫作飞机的尾迹云。尾迹云通常出现在-20℃以下、空气湿度接近饱和且大气比较稳定的时候。

你知道吗？

飞机起飞小实验

在家里，我们也可以做飞机起飞的小实验，观察飞机是怎样借助空气的力量起飞的。

准备一个吹风机、一张正方形纸、一截塑料管，以及一根固定在桌子上且被拉直的绳子。我们把这张纸对折成三角形，把其中一个折叠的角当成“机头”，“机头”的两边如图一样折成向上弯曲的形状，再把塑料管穿到靠近“机头”位置，然后让绳子从其中穿过，用吹风机对准“机头”吹，纸飞机就升起来了。

喷气式发动机的“强悍”

发动机对于飞机来说十分重要，它是飞机的动力来源。飞机发动机的种类很多，按其产生推力原理的不同，可以把发动机主要分为活塞式发动机和喷气式发动机两大类。飞机常采用空气喷气发动机，它产生的推力可以将大型货车吹翻。

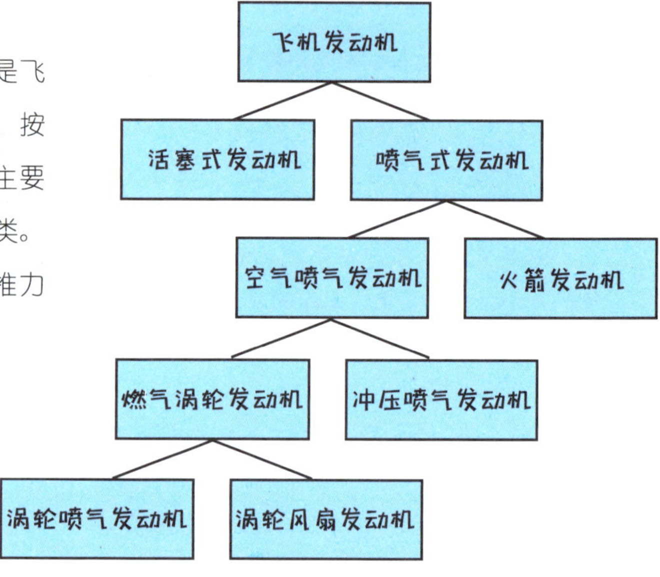

飞机发动机的分类

喷气推进

喷气式发动机从前端吸入大量的空气，燃烧加热后向后高速喷出，直接产生向前的反作用力推动飞机前进。

强大的推力

这就类似爆竹、穿云箭依靠尾部火药喷出气体的反作用力飞上天空。飞机就是利用这样的能量转换成飞行动力的。

你知道吗？

火箭的发动机与飞机的发动机不一样

喷气式发动机是利用喷气产生推力的发动机，主要分为火箭发动机和空气喷气发动机。火箭发动机由飞行器自身携带燃料和氧化剂，能在高空和大气层外飞行；而飞机的发动机属于空气喷气发动机，不自带氧化剂，只携带燃料，燃料燃烧所需的氧要从大气中获取，因而只能在大气层中工作。

飞机空气喷气发动机有燃气涡轮发动机和冲压喷气发动机，燃气涡轮发动机是目前应用最广泛的航空发动机，常用的有涡轮喷气发动机和涡轮风扇发动机。

涡轮喷气发动机是其他燃气涡轮发动机的基础，主要依赖燃气气流产生推力。涡轮喷气发动机从低空低亚声速飞机到高空超声速飞机都有广泛应用，虽然油耗较高，但是高空高速飞行性能还是让它成为航空发动机的主流。

涡轮风扇发动机是现代高亚声速飞机和超声速飞机所普遍采用的喷气式发动机，其特点是推力大、噪声小和耗油率低。与涡轮喷气发动机相比，涡轮风扇发动机有更高的效率。

涡轮喷气发动机

涡轮喷气发动机利用压气机将空气吸入，在燃烧室用燃烧的燃油加热空气，热空气带动涡轮转动，涡轮同时又带动压气机给气体加压。

燃气高速喷出

高压的燃气从发动机的尾喷管喷出，同时带动压气机和涡轮继续旋转，通常适用于高速飞行的飞机。

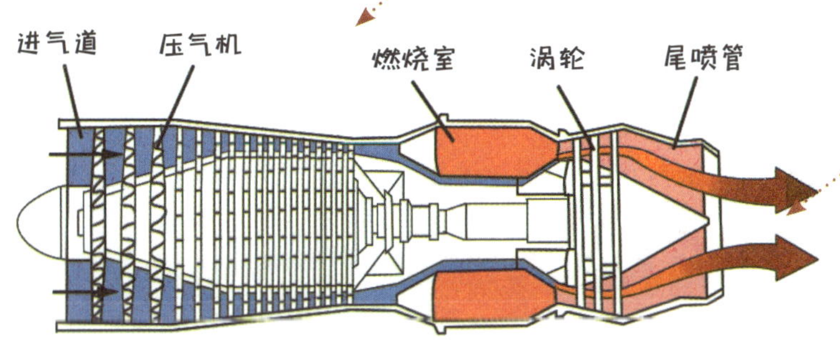

涡轮风扇发动机

涡轮风扇发动机是指尾喷管喷射出的燃气与风扇排出的空气共同产生推力的发动机。简单理解，涡轮风扇发动机就是在涡轮喷气发动机外增加了风扇和外涵道。

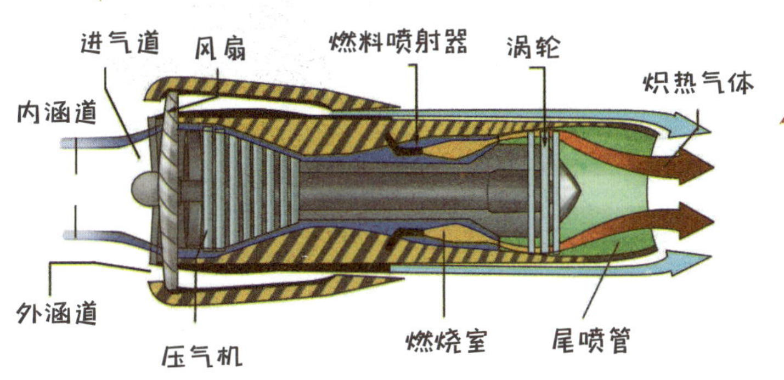

燃气高速喷出

压气机、燃烧室和高压涡轮一起被称为“核心机”，核心机喷出的燃气中一部分用于带动低压涡轮以驱动风扇，一部分在尾喷管中以高速喷出。

神奇的直升机

直升机不需要跑道就可以飞起来。直升机能够垂直起降、空中悬停和水平移动，还能在空中以任意角度灵活转向，这和它的旋翼、尾桨、发动机等部件的设计密不可分。

直升机会让人联想起一种常见的玩具——竹蜻蜓。如图将厚薄不均的竹片装在一根木棍上，只需双手一搓，竹蜻蜓便可飞上天。对应竹蜻蜓的叶片、木棍和我们发力的双手，直升机的起飞主要依靠旋翼（螺旋桨）、旋翼轴和发动机。

竹蜻蜓的原理

竹蜻蜓能够升空的核心在于它的叶片和水平旋转面之间有一个倾角，这意味着叶片不会是水平的。当竹蜻蜓旋转起来时，叶片将空气向下推，空气反作用向上推叶片形成升力，当升力大于竹蜻蜓本身的重力时，竹蜻蜓就能飞起来。

可以调节的倾斜角度

直升机螺旋桨桨叶的姿态角（倾斜角度）是可以调整的，倾角（α）大则升力大。

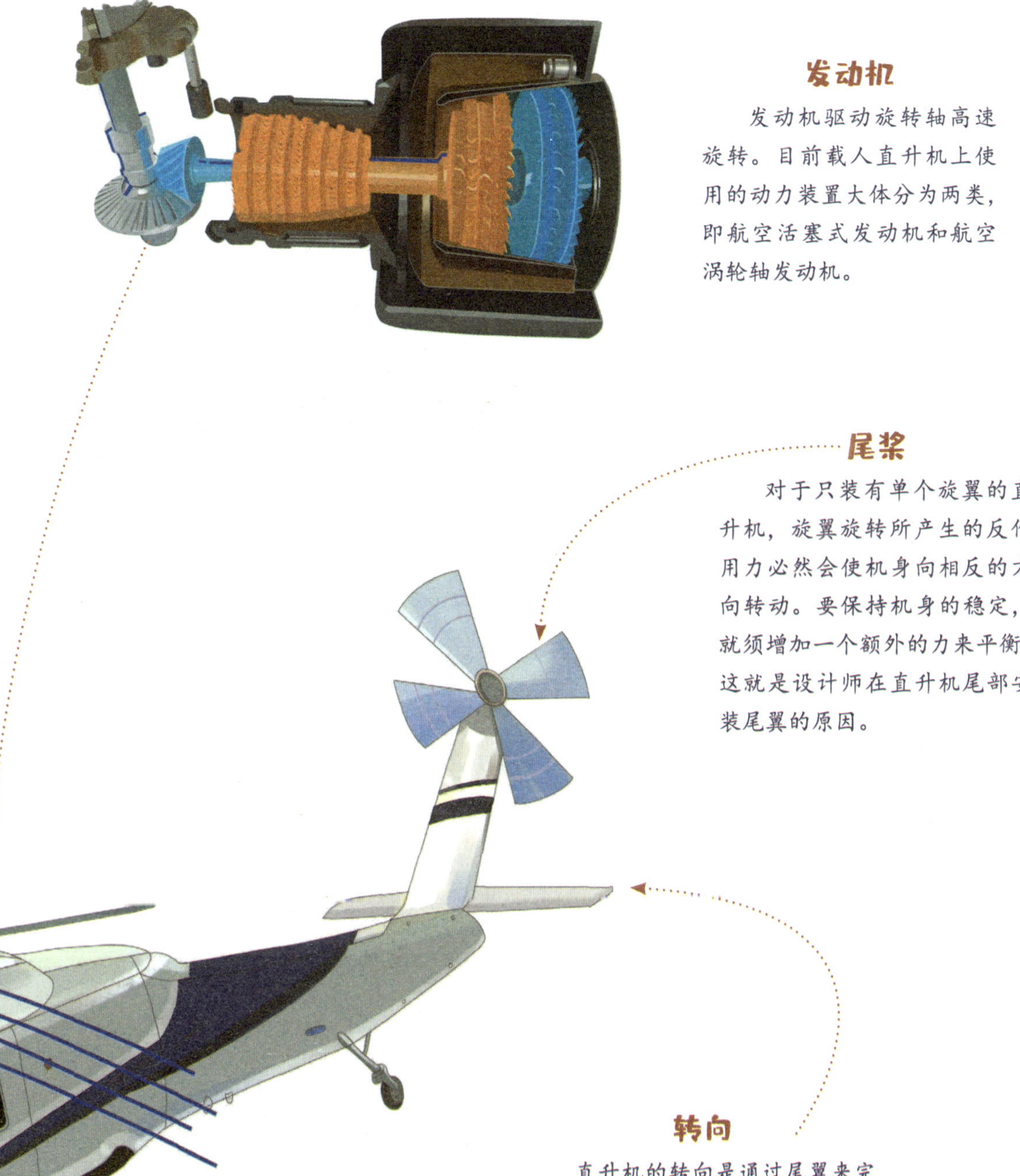

发动机

发动机驱动旋转轴高速旋转。目前载人直升机上使用的动力装置大体分为两类，即航空活塞式发动机和航空涡轮轴发动机。

尾桨

对于只装有单个旋翼的直升机，旋翼旋转所产生的反作用力必然会使机身向相反的方向转动。要保持机身的稳定，就须增加一个额外的力来平衡，这就是设计师在直升机尾部安装尾翼的原因。

转向

直升机的转向是通过尾翼来完成的。通过改变尾桨的输出功率，使桨距大小发生变化，打破原有平衡，从而改变直升机的航向。

飞行安全有保障

飞机的飞行安全是人们十分关注的。我们乘坐飞机出行，会遇到由于天气原因而延迟起飞的情况，很多旅客会因此抱怨，其实从飞行安全方面考虑，飞机是否能起飞要严格根据天气情况判断。影响飞行的气象要素主要包括风力、空气能见度、降水、云、风暴和闪电等，只有达到标准时，飞机才能安全起飞或降落。

飞机在高空飞行需要依靠飞机上的气象雷达，飞行员根据气象雷达的回波显示来判断天气情况，从而对危险天气区域进行避让。

高空除冰

为了应对高空结冰，一些飞机设计了除冰系统，在机翼的前缘有从发动机里抽引过来的热空气，用于对飞机除冰。

除了雷雨天气，极寒天气也对飞机安全有很大的威胁。飞机进入极寒空域后，机头、机翼、平尾和垂尾在一定的湿度范围内会结冰，从而造成飞机舵面、副翼、发动机进气口等部位冰卡阻，或者导致飞机机身流线型结构变化，飞机容易失去控制。

民航飞机机身的颜色大多以白色为主，因为从安全角度考虑，白色涂层的飞机在夜间可视性更强。飞机如果有管路泄漏，在白色的机身上会更容易被发现，有助于维修人员发现机身故障。

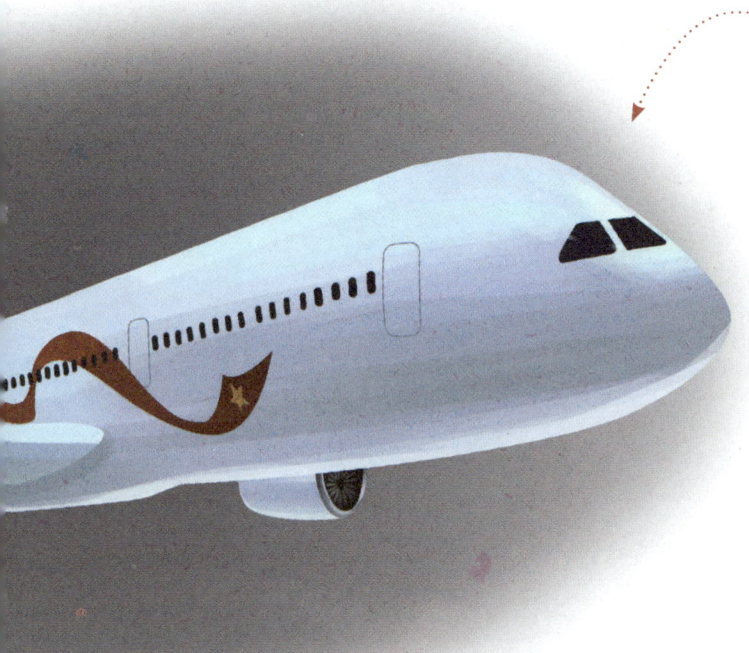

白色的“防晒霜”

白色涂层几乎能够反射光的所有可见光波段，使飞机表面的复合材料不因吸收过多热量而被损坏，机舱内也能保持凉爽，所以白色的涂料就好像是给飞机涂的一层“防晒霜”。

你知道吗？

神秘的黑匣子

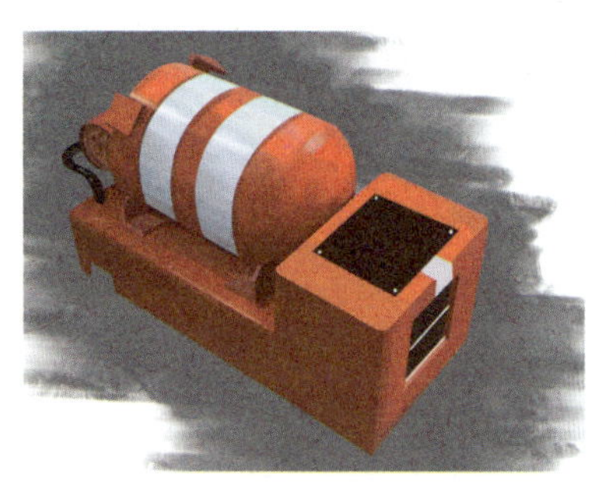

飞机出现事故之后，事故调查就会依赖于黑匣子。早期的黑匣子因为装在座舱中的黑色金属盒里而得名，而现代的黑匣子大多是橙色或黄色。每架飞机一般安装有2个黑匣子。一个是飞行数据记录器，记录安装在飞机各部位的传感器收集到的各种飞行信息，包括飞行高度、速度、航向、爬升率、下降率、加速情况、耗油量、起落架收放、飞行时间，还有飞机系统工作状况和发动机工作参数等。另一个是机舱语音记录器，用于记录飞机上的各种通话，包括飞行员与地面指挥中心的通话、飞行员之间的对话、机长和空中乘务员对乘客的讲话、机舱内的乘客对话等。此外，黑匣子还带有一个紧急定位发射机，在飞机发生事故后，发射机能连续工作很多天，自动发射信号，帮助搜救人员跟踪定位黑匣子的具体位置。

探索浩瀚宇宙，发展航天事业，建设航天强国，在太空不断续写中国航天新的高度，是所有航天人不懈追求的梦想。

第二章 运载火箭

能飞天的『火箭』30
中国古代“火箭”
强大的反作用力
冲破“宇宙速度”

能飞天的“火箭”

中国古代“火箭”

中国被公认为是火箭的故乡，中国古代四大发明之一的火药便是火箭的推进剂。火箭这个词在三国时期就已经出现，当时的“火箭”只是箭杆前端绑有易燃物，点燃后由弓弩射出的普通箭。明代是我国古代军用火箭技术迅速发展的时期，古代军事家制成多种利用火药燃烧产生反作用力向前推进的火箭，这种原始火箭虽然没有现代火箭那样复杂，但已具备基本结构，是现代火箭的雏形。

“一窝蜂”

“一窝蜂”是木制桶状发射器，将 32 支箭连在一起。作战时，士兵将它埋在地下，点燃总线，火药燃烧产生的气体推动箭身像蜂群一样飞出。喷着火焰的箭身速度快、射程远，杀伤力非常强。

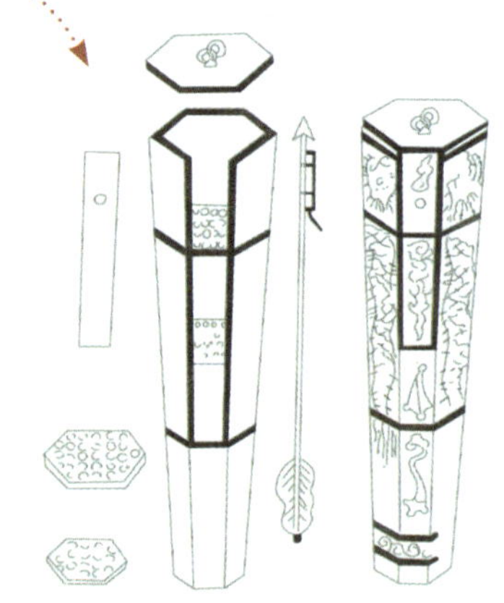

“神火飞鸦”

“神火飞鸦”是用细竹或芦苇编成的，其外形像乌鸦，腹内填充火药，鸦身两侧各装两支叫“起火”的装置，“起火”底部和鸦腹内的火药用线相连。发射时借助“起火”的推力将飞鸦射出，飞鸦落地时会点燃腹内的火药产生爆炸，就像现今的火箭弹。

强大的反作用力

火箭的前进依靠的是一种反作用力，牛顿曾经描述过火箭原理：如果你以一定速度向后抛出一定质量的物体，你就会受到一个反作用力的推动，向抛出物体的反向加速。火箭是凭借发动机向前推进的：发动机点火后，燃烧室里被点燃的推进剂（燃料和氧化剂的混合物）会产生大量高压的气体；这些高压气体会从发动机尾喷管高速喷出，对火箭产生反作用力，根据牛顿第三定律，作用力和反作用力大小相等，方向相反，使火箭沿高压气体喷射的反向前进。

火箭的动力

燃料不断燃烧，推进剂的化学能量在发动机内转化为燃气的动能，形成高速气流喷出，产生推力，这个推力就是火箭加速前行的动力。

冲破“宇宙速度”

人类的活动领域在不断扩大，从陆地到海洋、天空，再从大气层到外太空。火箭是如何冲出大气层，飞向外太空的呢？

我们都知道万有引力，质量越大的物体产生和受到的引力越大，但是当物体离开地面的速度达到一定的数值时，物体就会挣脱地球的引力。火箭之所以能脱离地球的引力飞向外太空，是科学家从牛顿第三定律中得到的启发。

宇宙速度

从地球表面发射飞行器，飞行器环绕地球、脱离地球和飞出太阳系所需要的最小速度，分别称为第一、第二、第三宇宙速度。

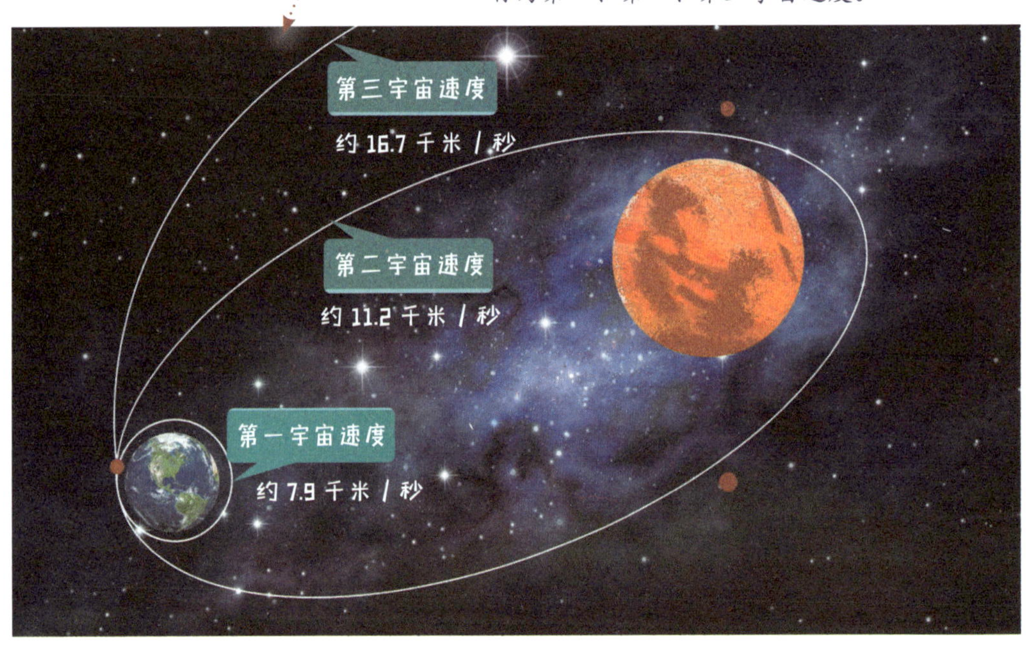

第一宇宙速度

假设从地球向太空发射一枚火箭，这枚火箭的速度越大，其飞行的距离越远，如果这枚火箭的速度达到 7.9 千米 / 秒，那么它将围绕地球运动（忽略大气条件），不再掉下来，这个速度就是第一宇宙速度。

你知道吗？

现代火箭

现代火箭发明于 20 世纪初，其并不单是某一个人的贡献，而是很多科学家不懈研究的结果，像俄国的齐奥尔科夫斯基、美国的戈达德等科学家，不断地进行理论研究并付诸实践，才有了现代火箭的诞生。

钱学森先生在1967年的一次讲话中，首次提出“航天”一词。类似卫星、飞船等在大气层外即地球附近或者太阳系的广袤空间飞行称为“航天”，在大气层内的飞行称为“航空”。“航天”的灵感源于毛主席的诗句“巡天遥看一千河”。

中国火箭家族

辉煌永在——一代火箭

将火箭命名为“长征”，寓意我国火箭的“长征”之路一定会像红军长征一样克服任何艰难险阻到达胜利彼岸。把无数卫星、飞船和空间站等航天器送入太空的火箭家族都有哪些呢？

长征一号（CZ-1）是我国首型三级运载火箭，共进行了两次发射，第一次是 1970 年 4 月 24 日，成功将东方红一号卫星送入预定轨道；第二次是在 1971 年 3 月 3 日，成功把实践一号科学试验卫星准确送入轨道。长征一号系列运载火箭的型号有长征一号及长征一号乙、丙、丁，其中长征一号已退役。

长征二号（CZ-2）是我国研制的第一代液体运载火箭，成功发射返回式卫星，使我国成为世界上继美国、苏联之后第三个掌握返回式卫星技术的国家。

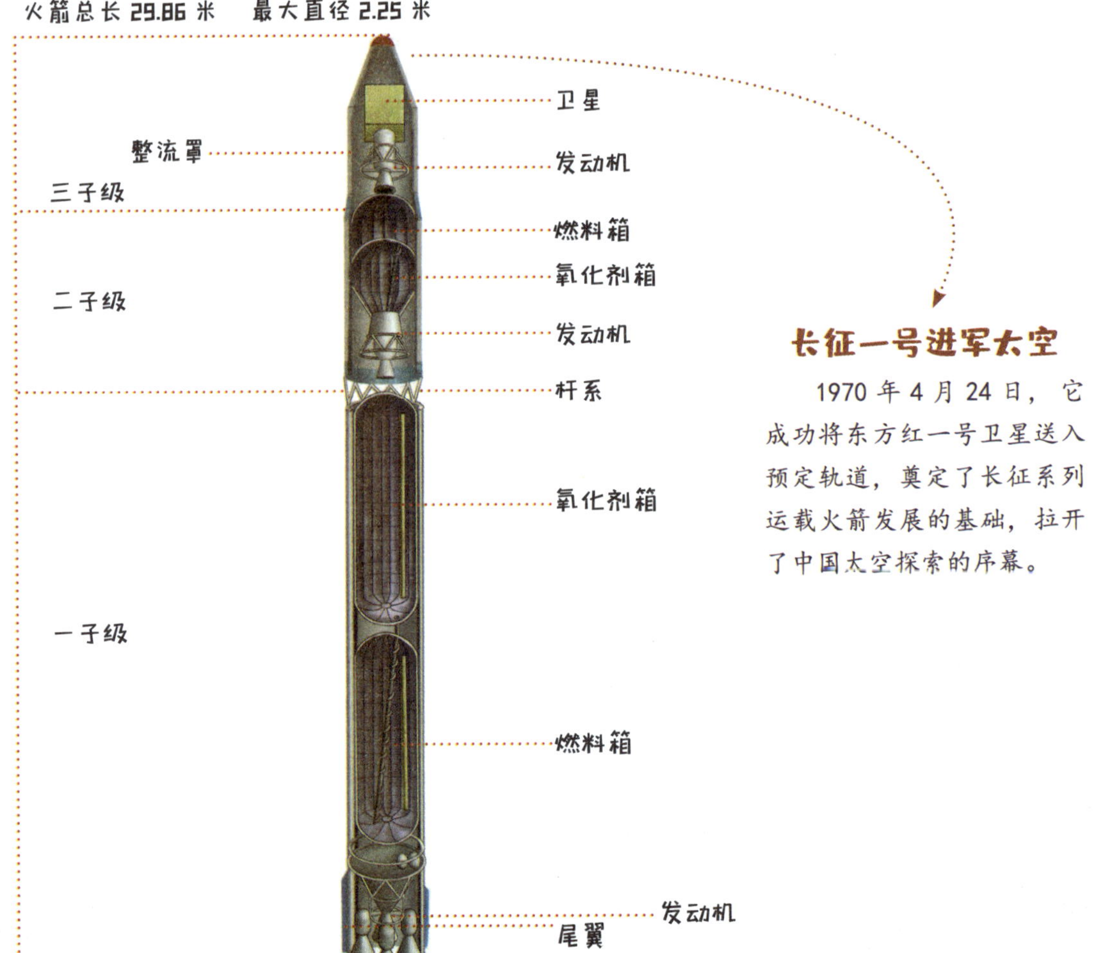

长征一号进军太空

1970 年 4 月 24 日，它成功将东方红一号卫星送入预定轨道，奠定了长征系列运载火箭发展的基础，拉开了中国太空探索的序幕。

敢于拼搏——二代火箭

长征二号其他系列型号有长征二号甲、乙、丙、丁、E 等，其中长征二号 E 已退役。

长征二号丙火箭（CZ-2C）是在长征二号基础上研制的一型两级常规液体运载火箭，采用了大推力液体火箭发动机。

长征二号 E 火箭（CZ-2E）（长二捆）是我国研制的第一型两级捆绑式运载火箭，在一级捆绑四个液体火箭助推器，目前，该火箭已退役。

长征二号丁火箭（CZ-2D）是两级液体运载火箭，发射低地球同步轨道（LEO）卫星和太阳同步轨道（SSO）卫星。

长征二号丙

该火箭主要是发射近地轨道卫星和太阳同步轨道卫星，完成了返回式卫星、探测系列卫星、海洋卫星、环境卫星和美国“铱”系列通信卫星等发射任务。

长征二号 E

该火箭的研制成功标志着中国首次突破了助推器捆绑技术、首次研制成功了推进剂利用系统和大型发射台等多项关键技术。

长征二号丁

该火箭具备发射多种类型，不同轨道要求卫星的能力，可实施一箭单星或多星发射。2021 年 11 月 6 日，我国在西昌卫星发射中心用长征二号丁运载火箭通过一箭三星的方式，成功将遥感三十五号卫星 A 星、B 星、C 星发射升空，是我国首次以三星串联的方式实施发射。

长征三号火箭（CZ-3）是一型三级液体运载火箭，是为发射地球同步轨道通信卫星而研制的，是中国火箭发展史上的一个重要里程碑。它首次采用了液氢和液氧作为第三级火箭推进剂，首次实现了火箭的多次启动，首次将有效载荷送入地球同步转移轨道。长征三号运载火箭的研制成功使我国成为世界上第四个具有地球同步卫星发射能力的国家。目前，该火箭已退役。

创新攀登——三代火箭

长征二号F运载火箭（CZ-2F）是大型两级捆绑助推器运载火箭，是我国主要用于发射神舟载人飞船和大型目标飞行器的运载火箭。1999 年 11 月 20 日首次发射并成功将中国第一艘试验飞船神舟一号送入太空。长征二号F改进型载人飞船运载火箭（CZ-2F/G），代替长征二号F基本型承担神舟飞船载人发射任务。火箭总质量是 493 吨，发射载人飞船的火箭总长是 58.34 米，发射目标飞行器或空间实验室的火箭总长 52 米，可承载有效载荷 8.6 吨。

长征二号送航天器上天

截至 2022 年 11 月 29 日，长征二号F型系列火箭已经成功将神舟一号到神舟十五号、天宫一号等航天器送入太空，将 16 位航天员累计 26 人次送上太空。

长征三号系列火箭家族中有长征三号甲（CZ-3A）、长征三号乙（CZ-3B）、长征三号丙（CZ-3C）。

长征三号系列

长征三号甲火箭主要承担了北斗导航卫星、我国首个月球探测器“嫦娥一号”等发射任务。

长征三号乙火箭具有高轨道大推力运载能力，先后送了十多颗“北斗三号”卫星和“嫦娥四号”月球探测器上太空。此外，长征三号乙火箭也承接发射一箭多星或其他轨道卫星任务，是国际商业卫星的主力火箭。

长征三号丙火箭主要承担了“天链一号”卫星、“嫦娥二号”月球探测器等的发射任务。

长征四号系列火箭有长征四号甲、乙、丙，均为一型三级常温液体运载火箭。

长征四号甲运载火箭一、二、三级均采用常规推进剂，主要用于发射太阳同步轨道卫星。长征四号甲已退役。

长征四号乙火箭的“一箭多星”发射技术，提高了运载能力，能满足一箭多星发射和小卫星搭载服务，为中国拓展商业空间发射市场提供了支撑。

长征四号丙增加了三子级发动机二次启动能力，大幅提高了火箭的运载能力，将中国首颗遥感卫星送入预定轨道，并实现了首发火箭发射场测试零故障。

长征四号丙运载火箭（CZ-4C）

超越自我——新一代火箭

长征五号（CZ-5）是新一代大型低温液体捆绑式运载火箭，由于体型较大，被昵称为“胖五”。长征五号是捆绑了四个助推器的两级半构型火箭，采用无毒无污染的推进剂。火箭总长56.97米，起飞质量约869吨，具备近地轨道25吨、地球同步转移轨道14吨的运载能力。

长征五号系列

可以完成近地轨道卫星、地球同步转移轨道卫星、太阳同步轨道卫星、空间站、月球探测器和火星探测器等各类航天器的发射任务。长征五号运载火箭的研制成功标志着中国运载火箭实现升级换代，使中国运载火箭低轨和高轨的运载能力均跃升至世界前列。

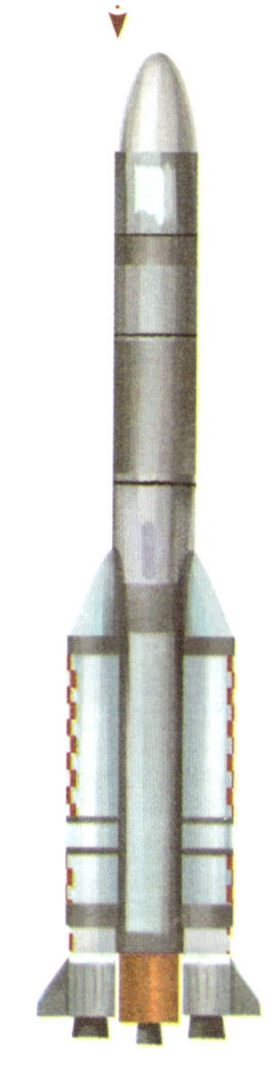

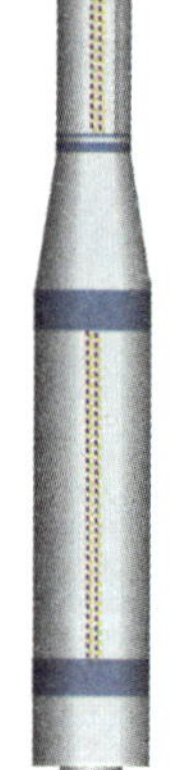

长征六号

2015年9月20日，长征六号运载火箭同时成功将20颗微小卫星送入太空，“一箭20星”创造了中国航天一箭多星发射的新纪录。

长征六号运载火箭（CZ-6）是小型无毒无污染的液体三级运载火箭。长征六号运载火箭主要用于发射低轨道中小型卫星，具备适应简易设施发射的能力，可实现快速发射。

长征七号运载火箭（CZ-7）是捆绑了四个助推器的两级液体火箭，是在长征二号F基础上，采用液氧煤油等无毒无污染推进剂的中型运载火箭。

长征十一号运载火箭（CZ-11）是长征火箭家族第一型四级固体运载火箭，主要用于快速机动发射应急卫星。

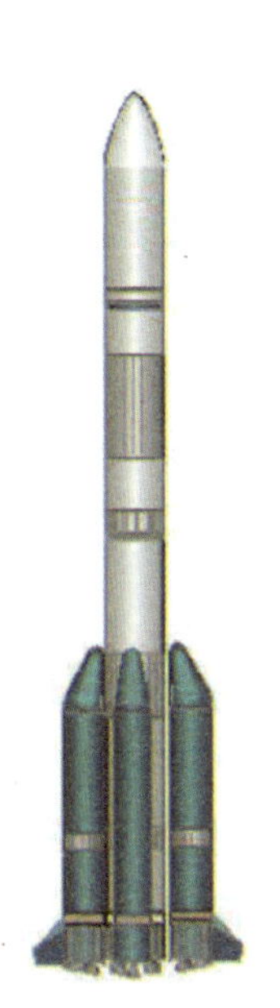

长征七号

主要用于载人航天及中型卫星的发射任务。长征七号将逐步替代长征二号、长征三号、长征四号系列火箭，承担中国80%左右的航天发射任务。2021年9月20日，长征七号遥四运载火箭搭载天舟三号货运飞船发射成功。

长征十一号

长征十一号火箭主要满足自然灾害和突发事件等应急情况下微小卫星的发射需求。该火箭接到任务命令后，可以在24小时内完成星箭技术准备和发射任务，具备“日发射”能力。

你知道吗？

“长征”——火箭名字的由来

在给火箭命名的时候，中国运载火箭技术研究院的工程师们有感于长征中，红军为实现革命大业不惧艰险的顽强斗志和不怕牺牲的大无畏精神，提议并经上级批准，将火箭定名为“长征”，寓意中国的火箭研究也像红军长征，克服一切困难，最后实现胜利。不同的长征，一样的胜利。从此“长征”就成了我国火箭的标志性名字。航天精神是继承也是发扬长征精神，一代代的航天人为了航天事业，义无反顾地踏上新长征路。

长征二号E

长征二号丙

长征二号丁

长征二号

长征一号

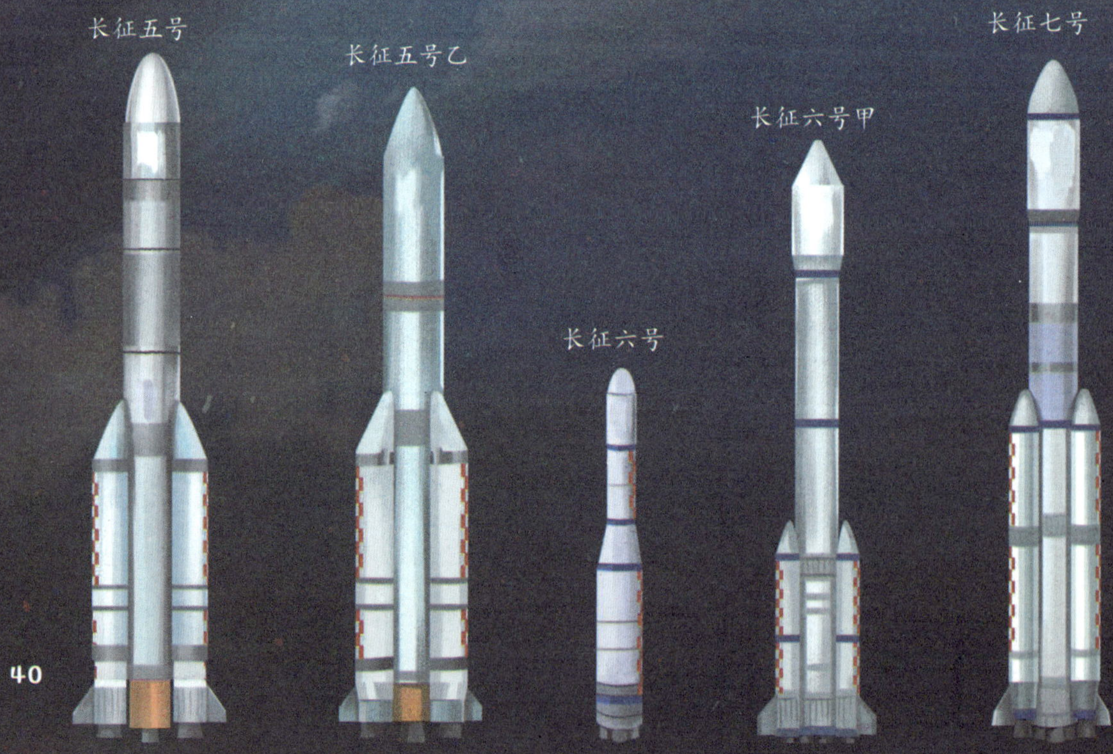

长征二号F
长征三号
长征三号甲
长征三号乙
长征四号
长征四号甲
长征九号
新一代载人运载火箭
长征七号甲
长征八号
长征十一号

走近火箭

运载火箭的类型及组成

目前常用的运载火箭按其所用的推进剂来分，可分为固体火箭、液体火箭和固液混合型火箭三种类型。按级数来分，运载火箭又可分为单级火箭、多级火箭。其中多级火箭按级与级之间的连接型来分，可分为串联型、并联型（俗称捆绑式）、串并联混合型三种类型。中间芯级火箭的周围又捆绑了小火箭（助推器）。助推器与芯级火箭在地面一起点火，在第一级火箭飞行的半路上关机，所以只能算是半级火箭。串并联混合型的两级半火箭，其第一级火箭周围捆绑了几枚助推器，在第一级火箭上面又串联了一枚第二级火箭。

不管是固体运载火箭还是液体运载火箭，不管是单级运载火箭还是多级运载火箭，其主要由结构系统（又称箭体结构）、动力装置系统（又称推进系统）和控制系统这三部分组成。这三大系统称为运载火箭的主系统。此外，运载火箭上还有一些由箭上设备与地面设备共同组成的系统，如遥测系统、外弹道测量系统、安全系统和瞄准系统等。

逃逸塔

在运送载人飞船的运载火箭顶部，整流罩的上端装有逃逸救生飞行器。它是载人火箭的标志。

可脱离火箭

一旦在运载火箭飞行过程中出现问题，逃逸塔上的发动机将立即点火，带着载人飞船一起迅速脱离运载火箭，飞向安全区，帮助航天员逃生。

推进剂贮箱

推进剂贮箱不仅用于贮存推进剂，而且是箭体承力结构的重要部分。

整流罩

整流罩位于运载火箭前端。当运载火箭在大气层内飞行时，它用来保护卫星及其他有效载荷；当运载火箭飞出大气层后，整流罩将被抛掉以减轻重量。

箱间段

箱间段是在两个独立的圆筒形贮箱之间的连接段，连接氧化剂箱和燃烧剂箱。利用箱间段的空间可安装一些仪器或设备，安全自毁系统的爆炸装置常放在这里。

仪器舱

仪器舱是集中安装控制系统和其他系统的舱段，常置于箭体靠前段部位，还能起隔热减震功能。

级间段

级间段是多级火箭间的连接部件，起级间连接和承力作用。结构形式与分离方式有关，主要功能是分离和整流。分离即在一级工作完成后把一级从火箭上分离掉；整流是把二级发动机包裹在级间段内，减少空气阻力。

尾段

尾段在箭体的最后，它不仅是发动机舱，也是火箭固定在发射台上的支撑部分。有的运载火箭在尾段装有尾翼，起到稳定火箭飞行的作用。

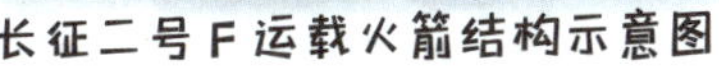
长征二号F运载火箭结构示意图

液体火箭 PK 固体火箭

液体火箭和固体火箭，谁的性能更好呢？两种火箭各有特点，都有对方无法取代的优势。目前，国际上一些航天强国都在发展“固液并存”，部分火箭也采用了“固液混合”的方式。

发射周期不同

液体火箭经过转场、测试、检查和加注推进剂等过程，大约需要 20 天才能发射，随着技术的进步，这个时间也在缩短。而固体火箭到发射场后经过简单的测试就可以发射。

存储时间不同

液体火箭因为推进剂容易氧化、挥发及腐蚀等特点，必须在一定时间内发射出去：常温推进剂加注后一周左右就得发射；低温推进剂存储周期则只有一天。固体火箭在出厂时，推进剂就已经贮存在发动机中，可以存放数年。

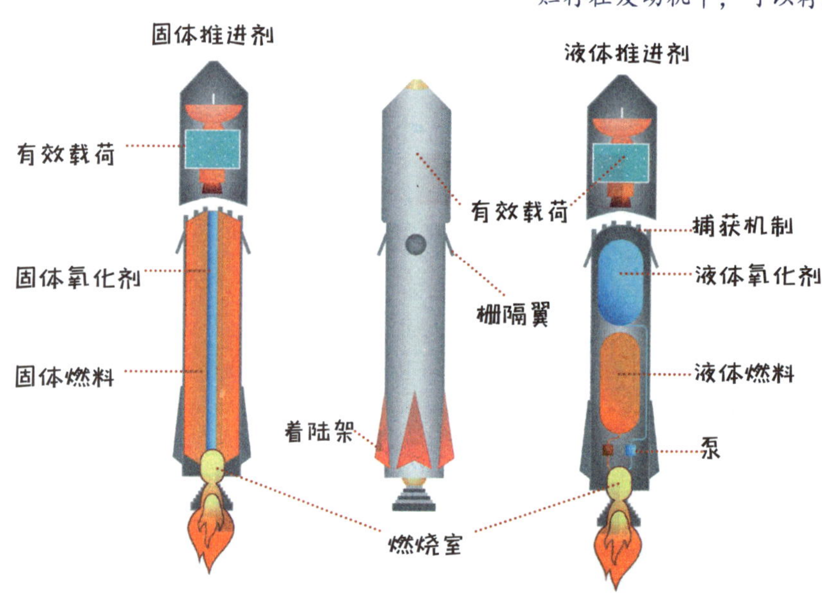

火箭的剖面图

推进剂不同

液体火箭的发动机使用的是液体化学推进剂，即燃料和氧化剂，贮存在火箭发动机的贮箱中，工作时再送入发动机的燃烧室。固体火箭使用的是固体推进剂，出厂就贮存在发动机的燃烧室中，不需要贮箱和输送系统。

发射性能不同

液体火箭发射准备时间长，但它的发动机燃烧效率很高，能提供强大推动力，运载能力更强，搭载的“乘客”都是重量级的大卫星、载人飞船及空间站等。固体火箭发射准备周期短，运载能力稍逊，适合搭载发射小卫星。

运载火箭和弹道导弹是"近亲"

运载火箭和弹道导弹有很多联系，甚至可以说成"近亲"，火箭可分为有控火箭和无控火箭。有控火箭是装有制导控制装置的火箭，通常用作运载工具，如发射卫星、飞船及空间站等。无控火箭是不带飞行控制和制导设备的火箭，可以作为非制导武器，如非制导火箭弹等。

运载火箭和弹道导弹的不同点主要在于有效载荷、运载能力、运行环境等。

有效载荷不同

运载火箭的有效载荷是卫星、飞船及空间站等航天器；弹道导弹的有效载荷是战斗部，如炸药、杀伤弹片，有的也用核弹头。

运行环境不同

运载火箭和弹道导弹相比，运载火箭可在大气层外长时间飞行，设计结构及动力要求更高。

运载能力不同

运载火箭的主要作用就是运载有效载荷，因此提高运载能力更注重推力。弹道导弹根据射程、战斗力和战术要求可以有不同的运载能力，其更注重射程。我国划分有近程（1 000 千米以下）、中程（1 000~3 000 千米）、远程（3 000~8 000 千米）、洲际（8 000 千米以上）导弹。

火箭发射有讲究

控制运载火箭的飞行

运载火箭被认为是来往于天地的交通工具，但是和普通的交通工具不同，运载火箭没有驾驶员，航天工程师们是如何控制它们安全进入预定轨道的呢？

这全靠火箭的几大系统：动力装置系统、控制系统、遥测系统、外弹道测量系统、安全系统、瞄准系统等。其中控制系统由制导与导航系统、姿态控制系统、电源供配电与时序控制系统三大部分组成，可以控制运载火箭沿预定轨道正常可靠飞行。外弹道测量系统则可以利用地面的光学、无线电等对运载火箭进行跟踪测量。安全系统则可以在运载火箭运行中的各项参数与正常值偏差较大时引爆，避免给地面等带来灾害。

地面跟踪

对运载火箭跟踪的基本方式是光学和无线电两种。光学跟踪测量系统是运载火箭飞行中最基本的跟踪测量系统，它能测量运载火箭的飞行轨迹，观察飞行姿态及箭体是否有起火、冒烟等外部现象。无线电跟踪测量，就是用雷达来测量，是利用火箭上的应答机与地面测控站配合来对火箭进行跟踪。运载火箭的航程很长，由于地球曲率的影响，通常有多个地面站“接力”来完成对火箭的跟踪测量。

如果指挥中心跟踪到火箭在飞行过程中出现问题，为了避免火箭坠地给地面带来灾难，会选择合适的机会在空中炸毁火箭使其坠落在指定区域。如果火箭搭载有载人飞船，那么指挥中心会先启动逃逸火箭，使载人飞船进入安全区域后，再执行炸毁火箭操作。

控制入轨

制导与导航系统的主要任务是控制运载火箭在预定的轨道运动，把有效载荷送到预定的空间位置并使之准确进入轨道。姿态控制系统的任务是克服种种干扰，保证运载火箭的稳定飞行，保持正确的飞行姿态。

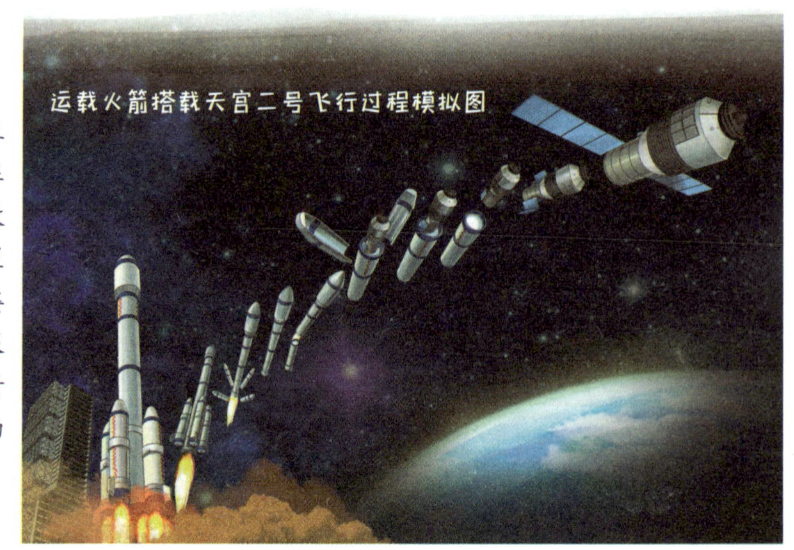
运载火箭搭载天宫二号飞行过程模拟图

三种发射方式

运载火箭大致有三种发射方式：一是从陆基固定发射场发射，二是从海上平台发射，三是从空中发射。陆基固定发射以塔架发射为主，大多数运载火箭采用此方式。海上发射和空中发射等是陆基固定发射场发射方式的补充。

地面发射

陆上发射是目前火箭发射的通用方式。

在地面发射时火箭的安装、维护及火箭发射瞄准比较方便，适当选择发射场就能确保发射安全。

海上发射

从海上平台发射火箭可以灵活选择发射地点，并且落点更安全，不用考虑周围居民安全，火箭残骸坠落区域可选的范围较大。

空中发射

从空中发射火箭是用飞机将火箭运送到高空后，火箭在空中点火飞向预定轨道，这种方式发射地点更灵活。

『路漫漫其修远兮，吾将上下而求索。』中华民族对真理追求的坚韧与执着从未停止，对自然和宇宙空间探索的文化传承深入血脉。

第三章 卫星和深空探测器

通信卫星平台 52

永远的东方红

对地观测卫星

北斗全球卫星导航系统 55

为什么要研制北斗

天河漫漫，北斗璀璨

北斗三号的轨道

北斗服务全球、造福人类

通信卫星平台

永远的东方红

新中国成立之初，为了响应毛泽东主席“我们也要搞人造卫星”的号召，发射人造卫星被纳入计划。经过中国航天人的艰苦奋斗，1970 年 4 月，东方红一号——中国第一颗人造地球卫星发射成功，使我国成为世界上第五个能够自主研发并发射人造卫星的国家。

在东方红一号卫星发射成功后，我国又陆续发射了东方红二号、三号、四号……东方红号卫星成为人们难忘的名字。

东方红一号卫星

东方红一号卫星重 173 千克，主要任务是进行卫星技术试验，探测电离层和大气层密度，同时播放《东方红》乐曲。东方红一号实际在轨工作 28 天，现在东方红一号已经停止发射信号了。

东方红二号卫星

1984 年发射的东方红二号卫星，使我国告别了租用外国通信卫星的历史，从此我国人民能够用自己的卫星看电视、听广播。

东方红三号卫星平台

1997年发射的东方红三号卫星平台，是面向社会的商业卫星平台，主要用于电话、电报、传真、广播VSAT网、电视和数据传输等业务。

东方红四号卫星平台

该平台采用公用平台设计理念，适用于大容量广播通信、直播、移动通信、远程教育及中继卫星等地球静止轨道卫星通信任务。

东方红五号卫星平台

东方红五号卫星平台，是中国自主研制的新一代大型卫星平台。其可以搭载未来通信、科学探测、微波与光学遥感类卫星。

你知道吗?

卫星平台和卫星的区别

打个比方，好像买车，我们只买了车的底盘，底盘的上面部分可以装成不同的样式，可以装成平板车也可以装成翻斗车，甚至还可以装成房车。而卫星平台就相当于这个底盘，当需要装载不同的有效载荷时，卫星平台只需要做少量适应性修改，一些基本的通用技术不变或者稍加改变，就可以变成不同的卫星。

对地观测卫星

对地观测卫星包括地球资源卫星系列、气象卫星、海洋卫星系列等，它们都有哪些强大功能呢？

地球资源卫星是以勘测地球自然资源为主要任务的应用卫星，其装载的多光谱遥感设备，能够获得地面的物体辐射和反射的电磁波信息，然后把信息发送给地面站，地面站将接收到的物体不同光谱频段的反射结果和已掌握的波谱特性进行比对实现勘测。

风云系列卫星是一种气象卫星，地球静止轨道气象卫星有风云二号和风云四号两个系列，极地轨道气象卫星有风云一号和风云三号两个系列。

海洋系列卫星则主要是探测海洋水色环境，观测海洋动力环境如海面温度、海面高度等数据的卫星。

资源三号 03 星

资源系列卫星

掌握各类物质的特征及分布情况并生成地表立体图，完成“立体测绘”。

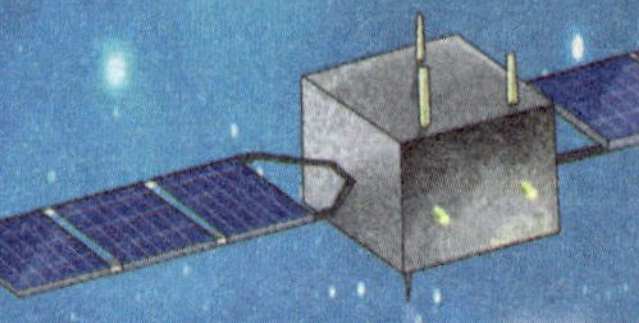

海洋一号

海洋系列卫星

监测内容包括悬浮泥沙含量、污染物、海面风场、温度场、海面高度、浪场、流场等数据，实现全天候海面目标与环境监测。

风云二号

气象卫星

气象卫星对于防灾减灾及应对气候变化有很大作用。到目前为止，风云气象卫星已在台风、洪涝、高温、干旱、沙尘暴、森林草原火灾、地质灾害等预警和救援方面发挥重大作用。

北斗全球卫星导航系统

为什么要研制北斗

“玉京群帝集北斗，或骑麒麟翳凤凰”，天上的星星参北斗，北斗自古就给人们指以方向，所以我国的卫星导航系统命名为北斗。

放眼全球，目前世界上有四大全球卫星导航定位系统，即美国的GPS系统、俄罗斯的格洛纳斯系统、欧洲的伽利略系统及中国的北斗三号全球卫星导航系统。在北斗三号全球卫星导航系统开通之前，我国使用最多的是美国的GPS系统。发展我国自己的卫星导航系统，是为了打破发达国家垄断卫星导航技术的局面，也是为国家的领土安全、经济安全和公共安全提供重要保障，是国家综合实力的体现。

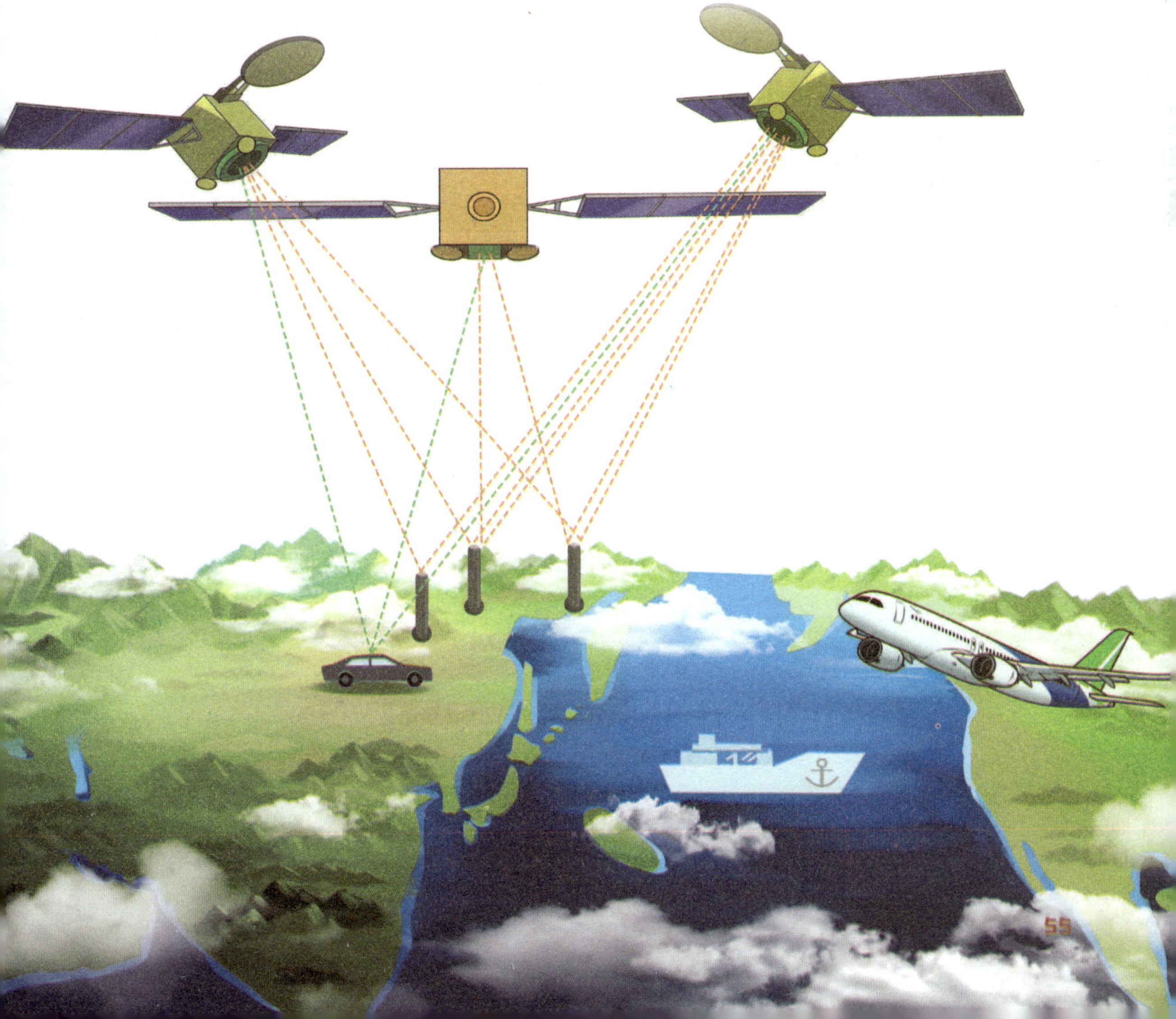

天河漫漫，北斗璀璨

从双星定位，到全球组网；从北斗一号卫星定位系统，到北斗三号全球卫星导航系统，几代研制北斗的科学家们，致力于将中国北斗打造为服务全球、造福全人类的一流导航系统。

北斗一号卫星定位系统

北斗一号卫星定位系统由 2 颗地球静止卫星、1 颗在轨备份卫星、中心控制系统、标校系统和用户机等部分组成。其是我国自主研发设计的，实现地球静止轨道卫星提供导航定位服务，功能包括快速定位、双向短报文通信及定时报告精确时间等。如在抗震救灾时，精确判定各路救灾队伍的位置等。

北斗二号卫星导航系统

北斗二号卫星导航系统是由 5 颗静止轨道卫星和 30 颗非静止轨道卫星组成，服务覆盖亚太地区。

2035 年

将建成以北斗系统为核心的国家综合定位、导航、授时体系

2020 年

全面完成北斗三号全球组网建设

2019 年 12 月 27 日

北斗三号核心系统投入使用

2012 年 12 月

北斗系统面向亚太地区提供服务

2007 年 4 月

第一颗北斗导航组网卫星送入太空

2000 年

发射 3 颗北斗导航试验卫星，中国成为世界上第三个拥有自主卫星导航系统的国家

你知道吗？

北斗定位、授时

原子钟被称为北斗导航系统的心脏，是能够提供精准定位、授时的基础。北斗卫星的载荷部件 100% 国产化。

在全球范围内，北斗导航系统的授时精度优于 20 纳秒，亚太地区优于 10 纳秒（1 纳秒 = 十亿分之一秒）。

目前北斗导航系统的全球定位精度水平方向优于 2.5 米，亚太地区更优。

北斗三号全球卫星导航系统

2020 年 7 月 31 日北斗三号全球卫星导航系统正式开通，它可以为全球用户提供授时和定位服务。北斗三号全球卫星导航系统由空间部分、地面部分和用户部分组成。空间部分是由地球静止轨道卫星、倾斜地球同步轨道卫星和中圆地球轨道卫星组成；地面部分是由主控站、时间同步注入站、监测站及星间链路运行管理设施组成；用户部分包含北斗兼容其他卫星导航系统的芯片、模块、天线等基础产品，以及终端设备、应用系统与应用服务等。

北斗三号的轨道

北斗三号全球卫星导航系统的30颗组网卫星分布在三类不同的轨道上，这样能实现抗遮挡能力更强、全球覆盖和服务，实现定位、导航、授时、短报文通信及国际搜救功能，其中GEO卫星和IGSO卫星使得北斗导航系统在亚太地区性能更优越。

地球静止轨道卫星（GEO）

北斗三号的地球静止轨道卫星（GEO）一共3颗，轨道高度35 786千米，轨道倾角0度，轨道平面和赤道平面重合，卫星与地面的位置不变，与地球自转同步。可以理解为这3颗卫星始终在头顶上便于实现区域服务，提供短报文通信、星基增强和精密单点定位。

倾斜地球同步轨道卫星(IGSO)

北斗三号的倾斜地球同步轨道卫星（IGSO）一共3颗，轨道高度35 786千米，轨道倾角55度，聚焦亚太地区，运行轨迹类似“8”字。

中圆地球轨道卫星（MEO）

北斗三号的中圆地球轨道卫星（MEO），是指中心区域的24颗卫星。这24颗卫星在中圆地球轨道，轨道高度21 528千米，是承载全球服务的核心卫星。

你知道吗?

北斗三号的展望

未来我国会将北斗三号全球卫星导航系统作为核心，建立一套综合定位导航授时体系（PNT，positioning，navigation and timing），即多种手段融合的、室内外无缝连接的国家综合PNT体系。5G开启了万物互联的时代，北斗三号全球卫星导航系统必将与新一代通信、区块链、人工智能等技术加速融合。

北斗服务全球、造福人类

从北斗一号到北斗三号，这二十余年间我国总计发射了 59 颗卫星，实现了自主导航定位系统从无到有，从区域到全球的飞跃。

北斗的导航与测量功能

北斗三号全球卫星导航系统提供多种服务，定位、导航、授时等服务已应用于多个领域。

用于京沈高铁的是北斗惯性组合导航铁路轨道几何状态测量仪，也称北斗惯导小车。北斗惯导小车集成了北斗三号的卫星导航接收机和惯性导航系统，可以实现精准快速地获取轨道轨距和立体位置坐标，实现轨道中线里程和轨向等参数的测量，效率比原有的技术提高 20 多倍。

北斗导航

通过北斗导航系统实现车辆的精准定位和实时监控。车载导航不仅显示车辆途经路线，更能精准定位到行驶车道。

北斗测量

北斗导航系统实现了用自己创造的卫星来测量祖国最高峰珠峰的高度，是我们全中国人民的骄傲。

短报文功能

在戈壁滩、大海、深山及其他通信基站没有覆盖的地方，因为没有信号，我们可能无法打电话、发送短信，但是可以通过北斗三号全球卫星导航系统发送短报文。短报文通信是北斗系统的独家秘籍。目前，我国 7 万多艘渔船和执法船安装了北斗终端。

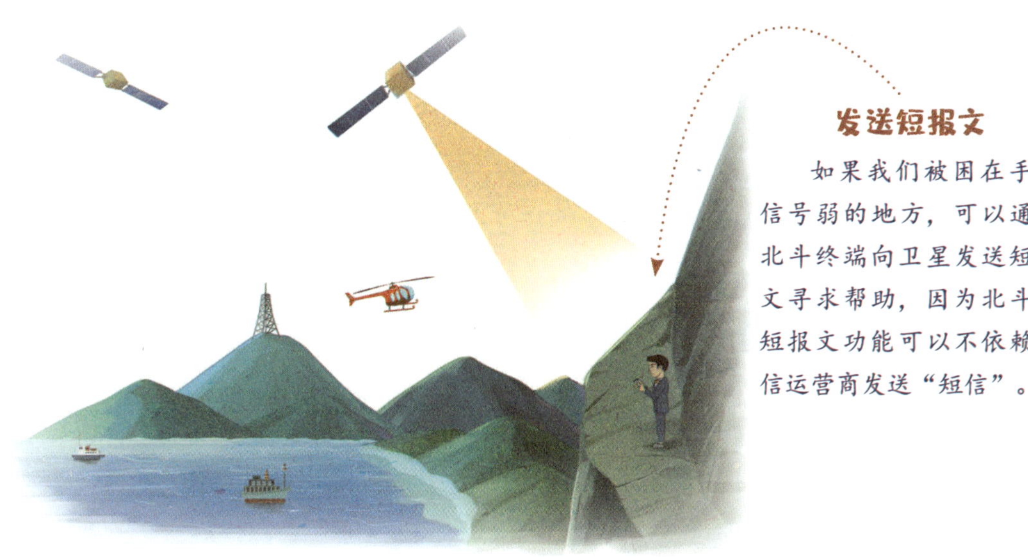

北斗 GEO 卫星能满足 1 000 多万用户同时在线使用短报文进行通信。中国及周边地区使用北斗终端单次可以发送 1 200 个汉字，全球短报文通信单次可发 40 个汉字。

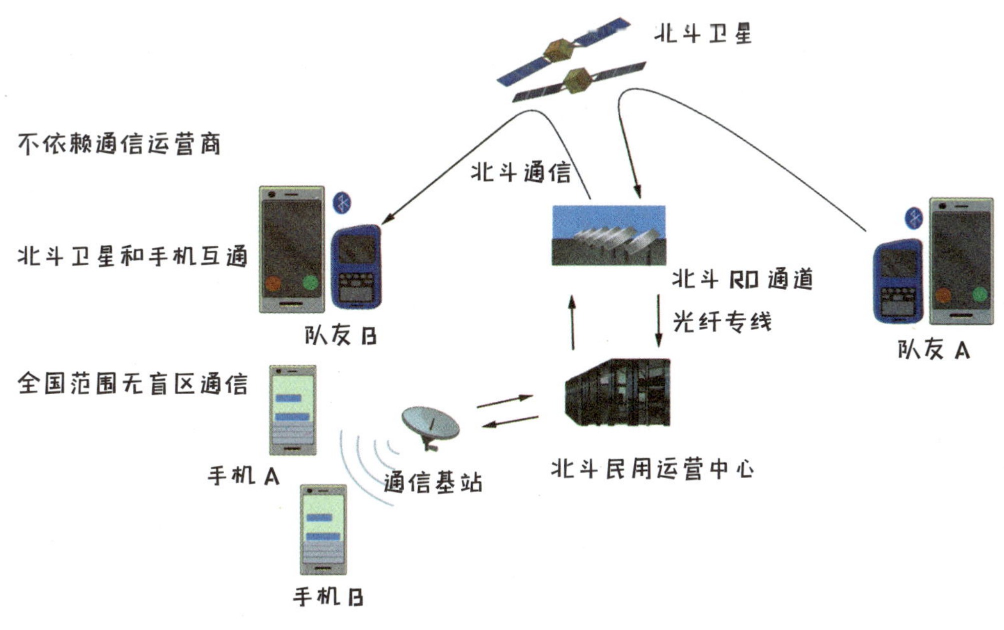

北斗短报文通信原理图

很难说有什么办不到的事，因为昨天的梦想可以变成今天的希望，也可以变成明天的现实。
——戈达德

星月探测

月球探秘——玉兔伴嫦娥

中国自古有嫦娥奔月的神话传说，月球作为离地球最近的天体，人们对它充满了向往。中国探月工程（又称“嫦娥工程”）指利用航天器对月球进行的各种探测。长远看，我国的月球探测分“探、登、驻”三步走，即无人探测、载人登月、短期驻扎（建立月球基地）。其中采用“绕、落、回”三小步走战略来探测月球——“绕”是指进入月球影响范围，“落”是指落到月球的表面，“回”是指在月球表面着陆并采样返回。

在“绕”“落”两个步骤历经了很多年以后，终于在 2020 年 11 月 24 日，嫦娥五号探测器开启中国首次地外天体采样返回之旅，实现了“回”。历时 23 天，嫦娥五号成功发射入轨、着陆月球并返回地球，经历了 11 个飞行阶段，刷新了中国深空探测技术的高度，连续实现多个重大突破。这标志着我国探月工程第一阶段完美收官。

1. 绕月运行

火箭把嫦娥五号送上太空，并逐步分离，嫦娥五号经过变轨、修正等过程抵达月球附近并绕月运行。

2. 着陆月球

上升器和着陆器组合体着陆月球并取样，返回器和轨道器组合体继续绕月运行等候。

3. 月面起飞

取完样，上升器与着陆器分离，进入环月轨道。

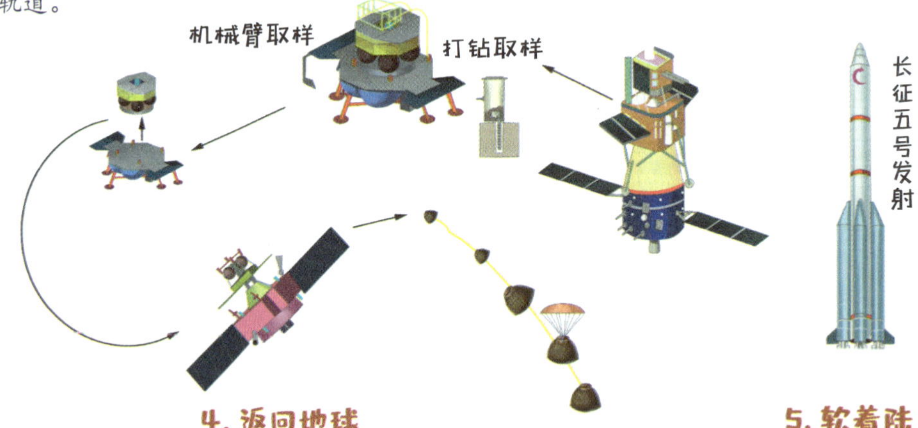

4. 返回地球

上升器与在月球轨道运行的返回器和轨道器组合体交会对接，转移样品，将月壤转移到返回器中，后与组合体分离，轨道器和返回器组合体实施月地转移并返回地球。

5. 软着陆

返回器与轨道器分离，并进入大气层，软着陆于内蒙古四子王旗。

为了确保嫦娥五号能在月球表面平稳着陆并返回，探测器上装载有 3 台新型发动机：轨道器上的 1 台 3 000 牛发动机；上升器上的 1 台 3 000 牛发动机，相当于 1 枚微缩版运载火箭；月面软着陆任务 1 台 7 500 牛可变推力发动机，用于完成月面软着陆任务。

火星探索——天问系列

我国火星探测任务被命名为“天问”，“天问”源自屈原的长诗《天问》，表达了中华民族追求真理的坚韧与执着。

火星距离地球最近距离约为 5 500 万千米，最远距离则超过 4 亿千米，二者之间信号传输延迟达 23 分钟。前往火星不仅要摆脱地球引力，还要摆脱太阳的强大引力，这就需要更强力的运载火箭。

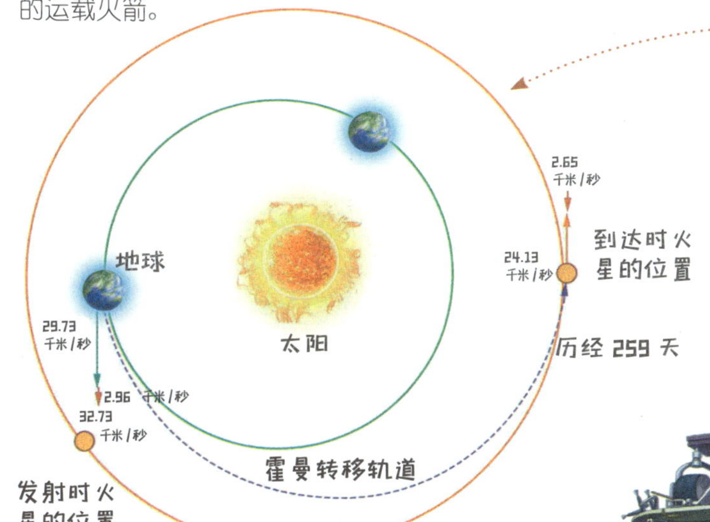

发射窗口

火星和地球每隔大约 780 天近距离相遇一次，叫作一次会合周期。利用这个时间节点，人类探测器可以“抄近路”探测火星。2020 年 7 月 23 日，天问一号探测器成功发射，迈出中国行星探测的第一步。

2021 年 5 月 15 日天问一号着陆器顺利着陆在火星乌托邦平原

你知道吗?

我们为什么要去火星?

首先，可达性好，比起其他行星，火星距离地球近，现有的空间探测器可以环绕和着陆。其次，环境可适应性较好。作为地球另一个较近的邻居金星，和火星相比，它因环境恶劣而被淘汰。火星环境最接近地球，地表平均温度约零下 55℃，大气密度是地球的 1%，火星表面太阳光照不弱，昼夜时间与地球相当，这些条件给火星可能孕育出生命带来希望。

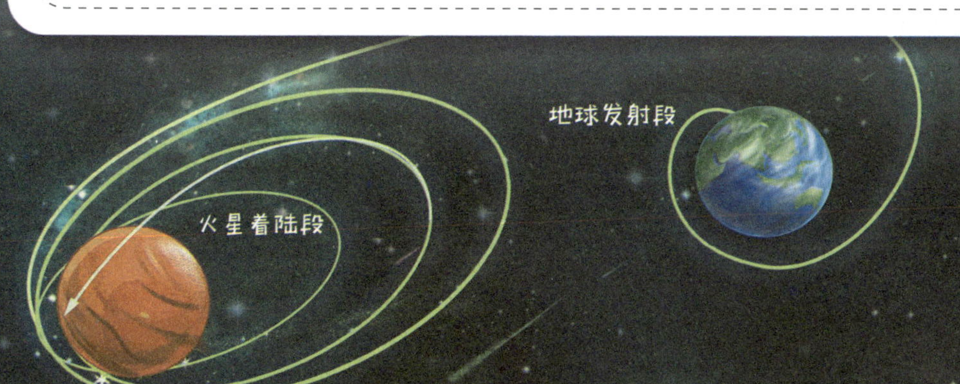

发展中的未来之星

悟空捉“妖”——暗物质探测

2015 年 12 月 17 日，暗物质粒子探测卫星“悟空”被成功送往深邃的宇宙，去寻找神秘的暗物质。“悟空”卫星实际上是高分辨率高能空间望远镜，它的“火眼金睛”（空间探测器）具有较宽的观测能段范围和较高的能量分辨率。

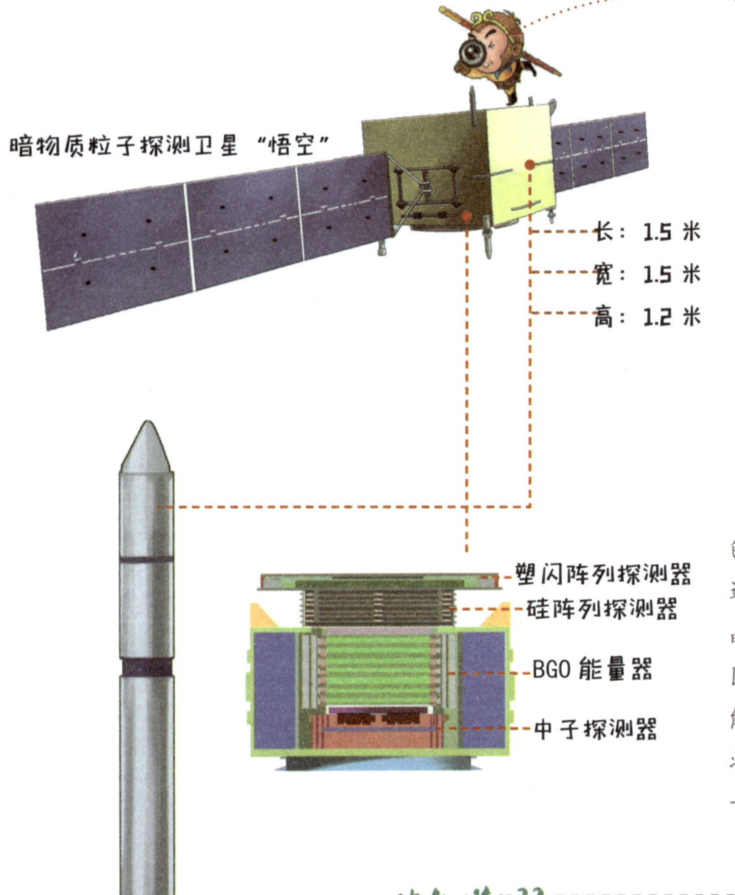

长征二号丁运载火箭

寻找暗物质

暗物质是一种不发出包含可见光在内的电磁波且有质量能产生引力的物质。暗物质究竟是什么？至今仍是未解之谜。寻找暗物质可以了解宇宙基本物质的构成规律及类似星系、星系团这样的结构在宇宙演化中的形成过程。

“悟空”的“水晶棒”

卫星核心部位的 BGO 能量器包含 300 多根 60 厘米长的晶体，这是世界上最长的 BGO 晶体。“水晶棒”能测量入射粒子的能量，因为质子和电子与晶体相互作用能产生类似喷水般的簇射，用形状不同的簇射来区分质子和电子，十分奇妙。

你知道吗？

“悟空”卫星如何施展神通？

“悟空”在太空中开展探测任务，其通过提高能量分辨率和空间分辨率的本领，使用降低宇宙射线背景噪声等办法提高灵敏度，来探测四面八方的暗物质。发射升空后的前两年“悟空”对全天区进行扫描，探测暗物质存在的方位；两年后结合全天区探测的分析结果，对可能区域定向观测。

“鸿雁”沟通万物，让世界互联

2018 年 12 月 29 日，我国成功将 6 颗云海二号卫星和搭载发射的鸿雁星座系统首颗试验星送入预定轨道。鸿雁星座系统是我国正在打造的一个全球低轨卫星通信系统，低轨卫星的优势就是轨道高度低，传输延时短，路径损耗少。鸿雁星座系统与北斗系统不一样，北斗系统是一套非常成熟的卫星导航系统，而鸿雁星座系统是高性能全球卫星通信系统。

鸿雁星座系统全称是鸿雁全球卫星星座通信系统，计划由 300 颗低轨道小卫星和全球数据业务处理中心组成，弥补北斗系统信息交互的问题。低轨道卫星提供覆盖全球的星间链路技术，全天候、全时段的双向通信，从外层空间对全球航空目标进行位置跟踪、监视及物流调控，可为用户提供全球实时数据通信和综合信息服务。

鸿雁星座系统集成了数据采集、数据交换、ADS-B 载荷、AIS 报文、移动广播等功能，并作为北斗卫星导航增强系统，提供信息播发通道、精度定位等多项卫星应用功能，特别适合于海洋海事、交通运输、气象环境、石油和天然气、农林业、电力及航空运输等需要对目标进行远距离采集、监测的物联网行业。

鸿雁星座系统一旦完成建设，意味着可以和北斗系统进行互补，这将进一步提升北斗系统的精准度，同时也能提升鸿雁星座系统的通信能力。

植入芯片

通过植入手机芯片实现双向数据交互功能。人们遇到紧急情况时，即便没有手机信号，也能够发送视频、语音和图片等信息，自动播报位置信息和求救信号。

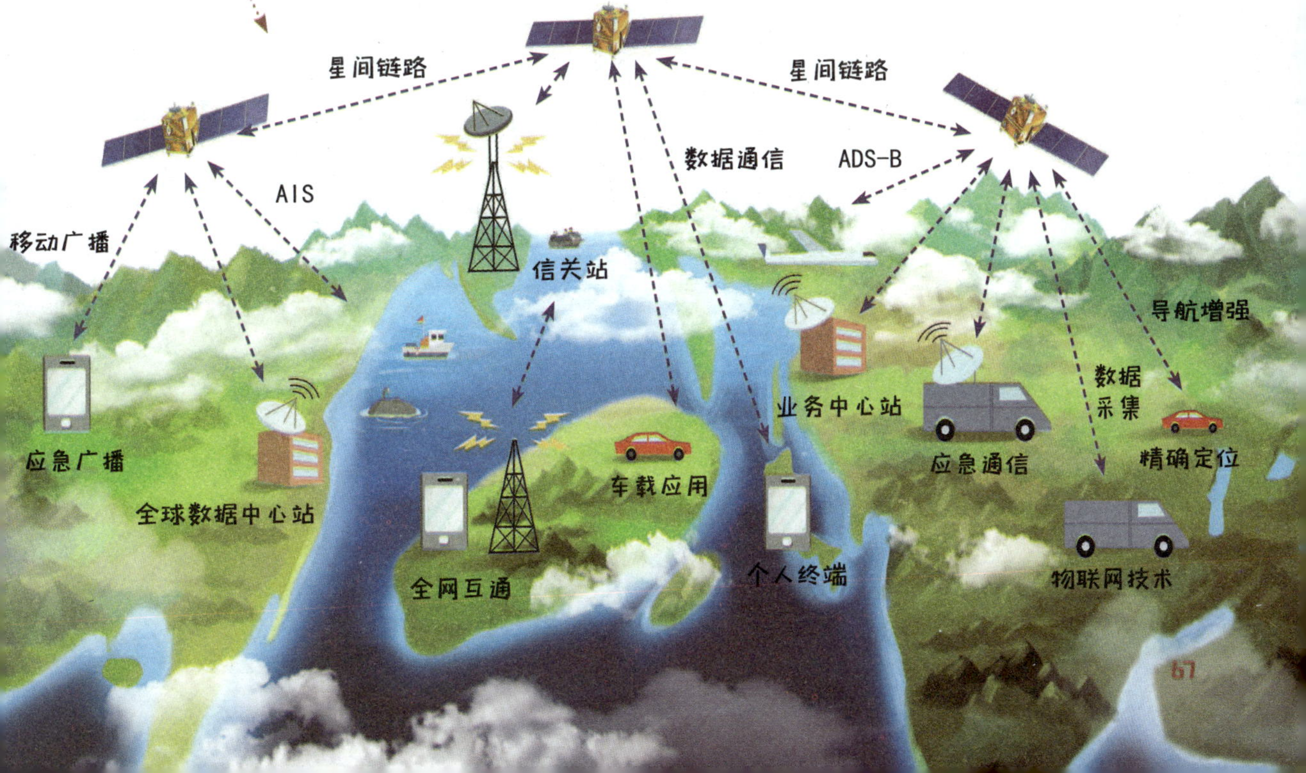

星间链路
星间链路
AIS
数据通信
ADS-B
移动广播
信关站
导航增强
业务中心站
数据采集
应急广播
精确定位
应急通信
全球数据中心站
车载应用
个人终端
全网互通
物联网技术

『大鹏一日同风起，扶摇直上九万里。』载人航天工程承载着国人的梦想，走过峥嵘岁月，走到今天，走向未来！

第四章 飞船和空间站

国之重器——航天器

首次载人——神舟五号

载人飞船可以把人类带出大气层、飞向太空，我国执行首次载人航天飞行任务的载人飞船是神舟五号，神舟五号载着航天员杨利伟“冲破云霄”，杨利伟也成为“中国太空第一人”。

神舟五号载人航天飞行任务实现了中华民族千年飞天的愿望，是中国航天事业在 21 世纪的一座里程碑。我国载人航天工程从试验性载人飞船开始，到建造长期有人活动和工作的空间站，载人飞船发挥着重要作用。到 2023 年，中国载人航空工程历经 31 载，从神舟五号、神舟六号到神舟十五号……载人航天工程正逐步发展。

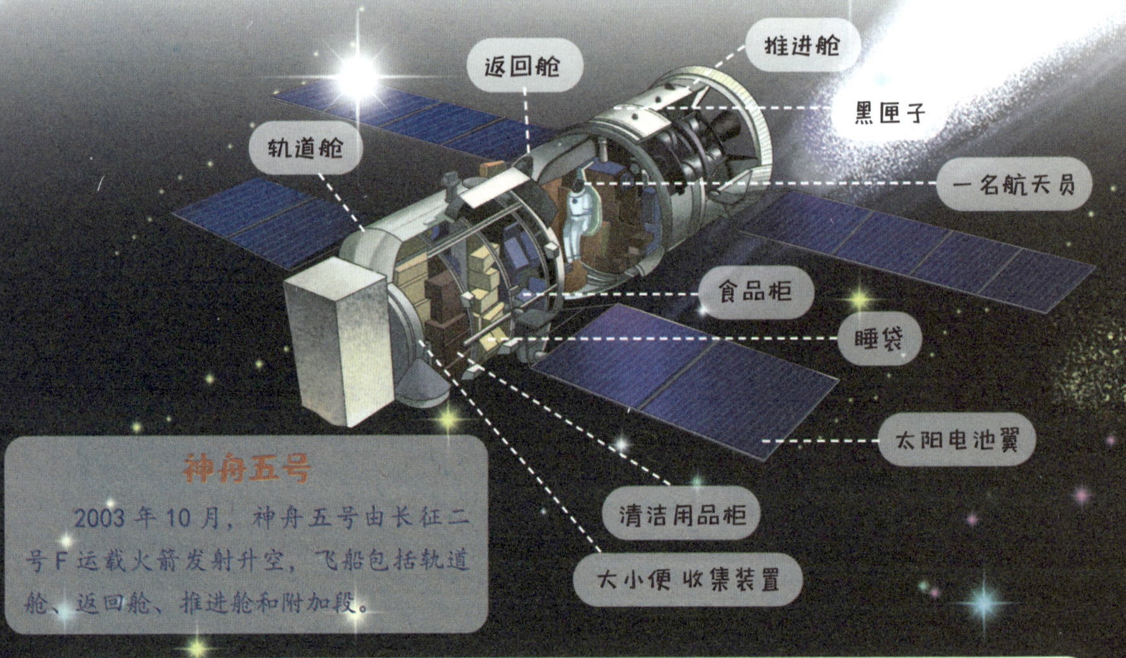

神舟五号

2003 年 10 月，神舟五号由长征二号 F 运载火箭发射升空，飞船包括轨道舱、返回舱、推进舱和附加段。

你知道吗？

我国载人航天工程发展战略

1992 年 9 月 21 日，中国载人航天工程正式启动。基于我国国情，工程从飞船起步，按照“三步走”发展战略实施：

第一步，发射载人飞船，建成初步配套的试验性载人飞船工程，开展空间应用实验。

第二步，突破航天员出舱活动技术、空间飞行器的交会对接技术，发射空间实验室，解决有一定规模的、短期有人照料的空间应用问题。

第三步，建造空间站，解决有较大规模的、长期有人照料的空间应用问题。

多人太空旅行

神舟六号载人飞船是中国第一艘执行“多人多天”任务的载人飞船，飞船载有费俊龙、聂海胜 2 名航天员。神舟飞船上也安装了“黑匣子”，即应急数据记录器，它比飞机上普通黑匣子的存储量增加了 100 倍，数据读写速度提高了 10 倍，而体积却不到原来的一半。

神舟七号载人飞船载有翟志刚、刘伯明、景海鹏 3 名航天员，翟志刚实现了航天员出舱并进行首次太空行走，神舟七号是中国载人航天工程三步走战略第二步的第一阶段。

神舟六号多人旅行

神舟六号的轨道舱为圆柱状，一端与返回舱相通，另一端与空间对接机构连接，集工作、吃饭、睡觉、盥洗等诸多功能于一体。

神舟七号首出舱

神舟七号发射及返回成功开启了我国载人航天工程的新篇章，使我国成为世界上独立掌握空间出舱关键技术的三个国家之一。

飞船与天宫对接

太空中缺少氧气，人类无法生存，如果航天员想从载人飞船“换乘”到天宫等载人航天器中，就需要它们之间“无缝对接”。

前文提到了中国“三步走”的载人航天工程发展战略，空间飞行器之间的交会对接是第三步建造空间站的关键技术。

神舟八号

神舟八号飞船增加了激光和微波雷达、CCD成像敏感器电视摄像机等主动式对接机构。

发射升空

2011年11月1日，神舟八号无人飞船由新型长征二号F运载火箭发射升空。

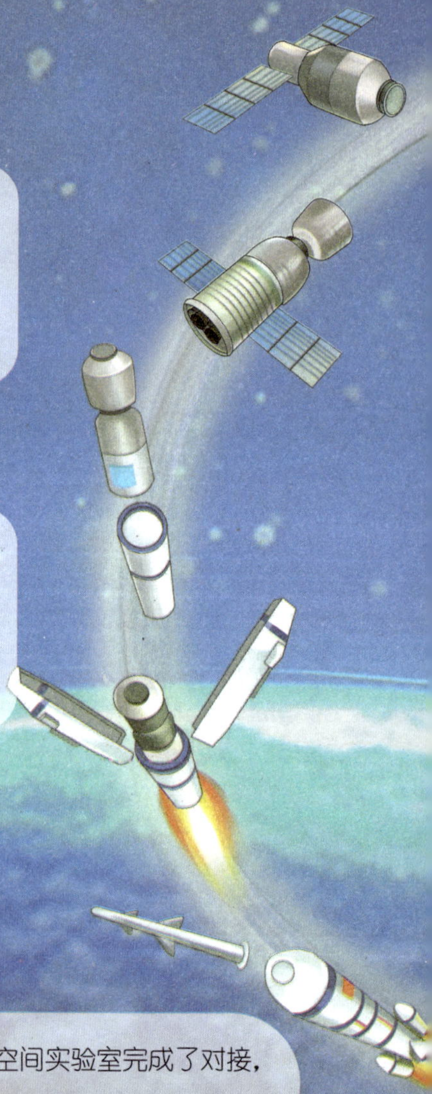

2011年11月3日，神舟八号无人飞船与之前发射的天宫一号空间实验室完成了对接，这次对接成功是我国空间交会对接技术的一次重大突破。

天宫一号

天宫一号空间实验室在神舟八号发射前，就降轨到近圆轨道，等待和神舟八号对接。

对接

神舟八号飞船在发射成功2天后实现与天宫一号交会对接，对接后形成0.8米长的人员转移通道。

返回地面

神舟八号与天宫一号对接后的组合体飞行12天之后，进行第二次交会对接，然后飞船成功分离，返回舱返回地面。

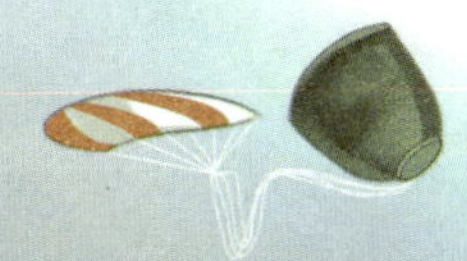

中国空间站——闪耀苍穹

神舟八号与空间实验室天宫一号成功对接后，后来的神舟九号和神舟十号、神舟十一号也分别与天宫一号、天宫二号空间实验室成功对接，2019 年，天宫二号择机受控离轨并再入大气层，完成历史使命。

2021 年 6 月 17 日，神舟十二号与我国空间站的组成部分——天和核心舱对接成功。天和核心舱迎来首批客人，神舟十二号把航天员聂海胜、刘伯明、汤洪波带入太空。3 名航天员在轨驻留 3 个月，并在舱内进行科学应用载荷实验、设备维修更换等工作。

继神舟十二号发射成功后，神舟十三号、神舟十四号、神州十五号与空间站成功对接。其中神舟十四号是中国空间站建造阶段第二次飞行任务，也是该阶段首次载人飞行任务，航天员乘组在轨工作生活 6 个月。

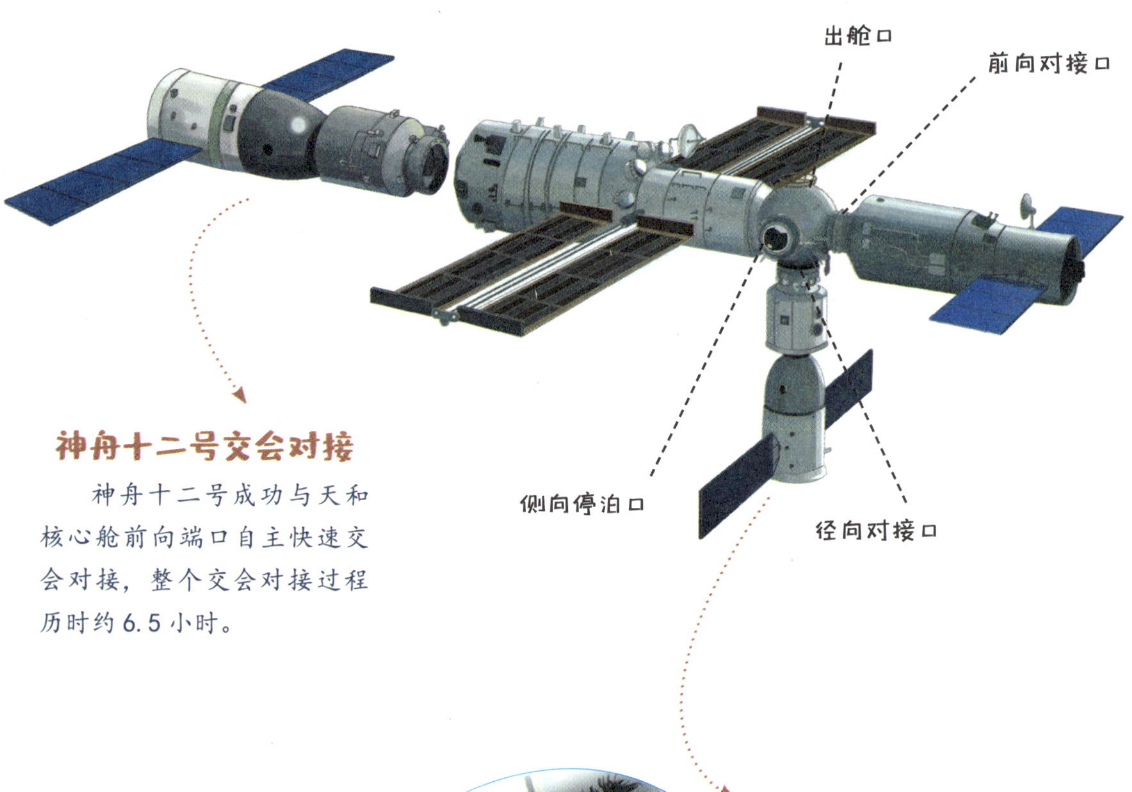

神舟十二号交会对接

神舟十二号成功与天和核心舱前向端口自主快速交会对接，整个交会对接过程历时约 6.5 小时。

迎来女航天员

神舟十三号把航天员翟志刚、王亚平和叶光富送入太空，其中王亚平是中国空间站迎来的首位女航天员。

神舟十三号径向交会对接

神舟十三号成功与天和核心舱组合体完成自主快速径向交会对接。

随后，问天实验舱与梦天实验舱成功进入太空，与天和核心舱驻留太空，航天员们之后将乘坐飞船来到空间站，在实验舱内进行太空实验。

神舟十五号就是三舱组合体在轨组装建造完成后的首次执行飞行任务的飞船，也是中国载人航天工程空间站建造阶段最后一次飞行任务。“一骑掌天宫”，届时，中国空间站组合体将首次形成由 6 个航天器组成的“三舱三船”最大构型，总质量近百吨。

中国空间站梦天实验舱与问天实验舱成功对接在空间站节点舱的两侧

你知道吗?

科学实验柜

空间站密封舱内的 14 个科学实验柜、舱外暴露实验装置及共轨飞行的巡天望远镜，支持在轨滚动实施空间天文、空间生命科学与生物技术及微重力基础物理等科学研究。问天实验舱部署了生命生态实验柜、生物技术实验柜及舱外暴露实验装置等。梦天实验舱部署了流体物理实验柜、两相系统实验柜、燃烧科学实验柜等。天和核心舱配备有医学样本分析与高微重力实验柜和无容器材料实验柜。其中，实验柜中含有高精度时频实验系统，涵盖了氢钟、微波钟和光钟三套的一个钟组系统，成为整个国际上在轨运行最稳的、最准的钟组。

太空“快递小哥”

“您的快递到了！”

有一种充当“快递小哥”的航天器，叫天舟货运飞船。它往返于太空和地面，把空间站内航天员所用的物资源源不断地从地面运送过来，堪称往返天地的“快递小哥”。

天舟有天舟一号、天舟二号、天舟三号……其中天舟一号是我国自主研制的第一艘货运飞船，曾向天宫二号运送货物并成功完成首次推进剂在轨补加试验。天舟系列货运飞船采用两舱构型，包括货物舱和推进舱。任务完成后的天舟货运飞船会在地面的遥控指令指挥下，下降进入大气层烧毁后，残骸坠落到安全海域或无人区。

2021 年 9 月 20 日，天舟三号货运飞船由长征七号遥四运载火箭发射升空。天舟三号的飞行控制系统，增加了北斗导航系统，提升了飞行控制的精度和安全系数。

2022 年 5 月 10 日，天舟四号货运飞船成功发射，为神舟十四号载人飞行任务做准备。

天舟一号

天舟一号全长 10.6 米，最大直径 3.35 米，最大装载状态下重达 13.5 吨，货物运载能力达 6.5 吨。主要运送推进剂和生活用品，并完成与天宫二号两端对接实验。

天舟一号与天宫二号对接示意图

天舟三号

天舟三号在天舟二号的设计基础上又优化了系统配置，并持续提高元器件国产化率。

货物

天舟三号的装载货物空间是 18 立方米，能为空间站运输、存贮货物，包括舱外航天服、空间站各种生活物品，以及推进剂等。它还能将废弃物收集、存放，最后带回大气层销毁。

太空“驻留”地

当提到飞船与空间实验室等的对接，你是否会好奇这些空间实验室呢？这些空间实验室是为了航天员们能在太空中长期驻留并做各种实验，如天宫一号、天宫二号及由天和核心舱等组成的空间站。航天员能在里面生活并研究在太空失重等条件下的实验，为人类了解太空做出卓越的贡献。

天宫一号是我国首个空间实验室，在 2011 年 9 月 29 日由长征二号 FT1 运载火箭发射升空，并于 2016 年 3 月停止数据服务。天宫二号是继天宫一号后我国又一个空间实验室，在 2016 年 9 月 15 日由长征二号 F 运载火箭发射升空，主要任务是实现与载人飞船和货运飞船对接，并开展科学和技术实验。

2021 年 4 月 29 日，天和核心舱由长征五号 B 遥二运载火箭发射升空，与随后发射升空的问天实验舱和梦天实验舱组成我国的空间站基本构型。

天和核心舱长 16.6 米，最大直径约 4.2 米，发射质量 22.5 吨，内部空间约 50 立方米，由生活控制舱、节点舱和资源舱等组成。

天宫二号

总长 10.4 米，总重 8.6 吨，主要由实验舱和资源舱组成。

天宫二号于 2019 年 7 月 16 日停止数据服务，并在 2019 年 7 月 19 日接受指令返回大气层，落入南太平洋的指定海域。

生活控制舱

生活控制舱用来工作、生活，舱内空间可容纳三到六人。

节点舱

节点舱有对接口、停泊口和出舱口。对接口用来与载人飞船、货运飞船等飞行器对接；停泊口用于两个实验舱与核心舱组装，形成空间站组合体；出舱口供航天员进入太空活动。

资源舱

资源舱用来存储各种物资。

天舟三号与天和核心舱对接示意图

生活在太空

太空家电与运动器材

比起天宫，天和核心舱就像是太空中一所移动的豪宅，内部装载有先进的仪器和设备，并且设计还很人性化。除了各种仪器设备，天和核心舱还有独立的卧室、卫生间和就餐区。在核心舱里，航天员既要完成很多科研任务，又要保证高质量的生活，那么必要的太空家电一定不能少。

民以食为天，在太空生活，先要配备厨房。太空中真空、失重、无对流的环境使得航天员饮水、烹饪食品等都成为难题。这就需要实用的太空厨房来帮忙。厨房配备了加热食品的微波炉等电器。

食品加热装置

它是一个白色方盒，内有三层加热空间，可定量对航天员的航天食品和饮料进行加热，加热温度、加热时间均可控制。

航天微波炉

微波炉用来加热馒头、米饭等主食。航天微波炉需要通过各项可靠性测试，其机械强度远远高于家用微波炉。

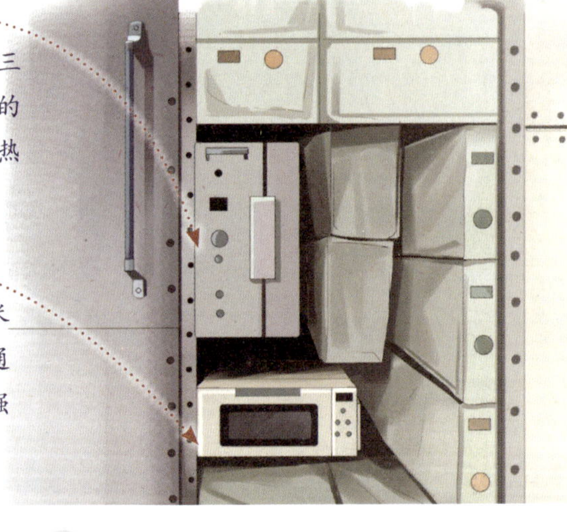

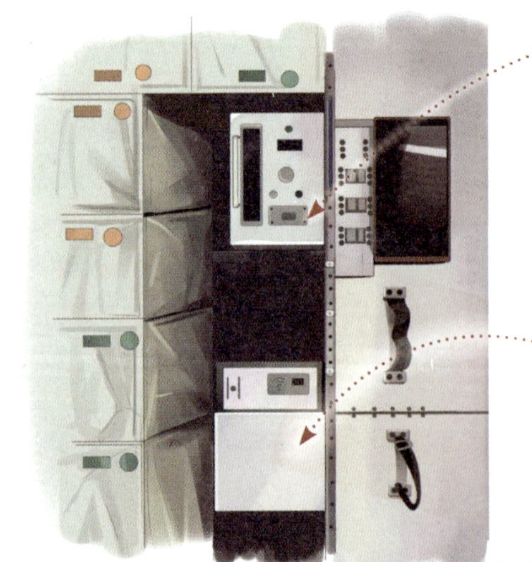

饮水器

饮水器用于净化饮用水，保证航天员的饮水。

太空冰箱

太空冰箱不仅用来储存食物、制造酸奶，还可以营造特定的低温环境，保存科研样本。

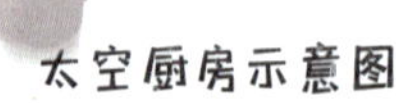

太空厨房示意图

太空中的失重（实际是微重力）环境，会使航天员的肌肉和骨骼因缺少压力而出现萎缩。航天员在太空中停留的时间越长肌肉萎缩得就越厉害，还会造成骨质流失，航天员回到地面后容易骨折，因此航天员要每天坚持锻炼，减缓失重带来的肌肉萎缩症状。

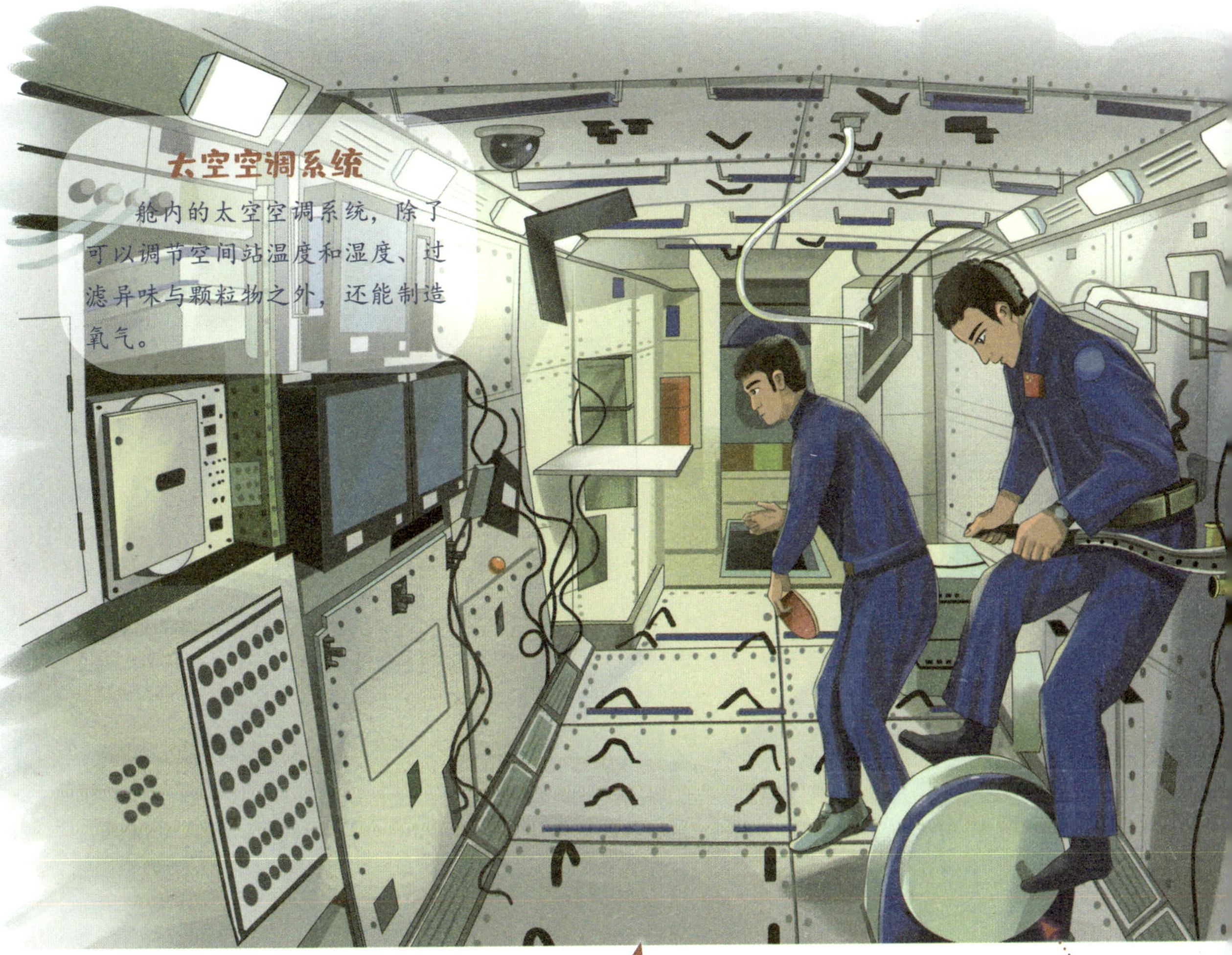

太空空调系统

舱内的太空空调系统，除了可以调节空间站温度和湿度、过滤异味与颗粒物之外，还能制造氧气。

太空乒乓球

由于是失重的环境，乒乓球是悬浮在空中的，在太空打乒乓球是可以一个人追着球两头打的。

太空动感单车

太空动感单车成为航天员运动的小帮手。

你知道吗？

太空水怎么来的？

天和核心舱的水，一部分是携带的水，但由于重量原因，水不能带太多，那么另一部分水就来自再生水。航天员在太空工作生活，离不开氧气、水，这就需要一套黑科技——再生式生命保障系统，这个系统可以把空气中的水蒸气、人体排出的尿液等进行回收再净化，这样既可以减轻货运飞船的载荷负担，又可以降低运营成本。

太空中的衣食住行

家用电器配备齐全，就可以在太空开启全新的生活了。太空饮食和地球上不一样，怎么吃、吃什么都是不容易的，同时还要注意不能有碎屑飘在舱中。随着技术的进步，现在航天员的食品从简单的类似牙膏状的流食，变成品种多样的美味佳肴，不仅有航天“招牌菜”鱼香肉丝、宫保鸡丁，还有黑椒牛柳、香辣羊肉、鲜花包等，加上主食、副食、调味品，一共 120 多种，基本上可以实现一个星期菜单不重样。

除了吃好吃的，喝茶也是必不可少的。在天和核心舱，航天员用饮用水泡茶，茶包在制作的时候便放进饮料袋中，使用时将水注入，然后加热就可以饮用。

“吃”出花样

太空食品往往采用小包装，被制成与嘴巴大小相近的正方形、长方形或小球状的“一口吃”食品，吃时不必再切开。

太空“功夫茶”

神舟十二号载人飞船的航天员展示了另类的喝茶方式，把茶水挤到舱中形成茶水球，航天员用筷子夹着茶水球放到嘴里，这种喝茶方式真是太神奇了。

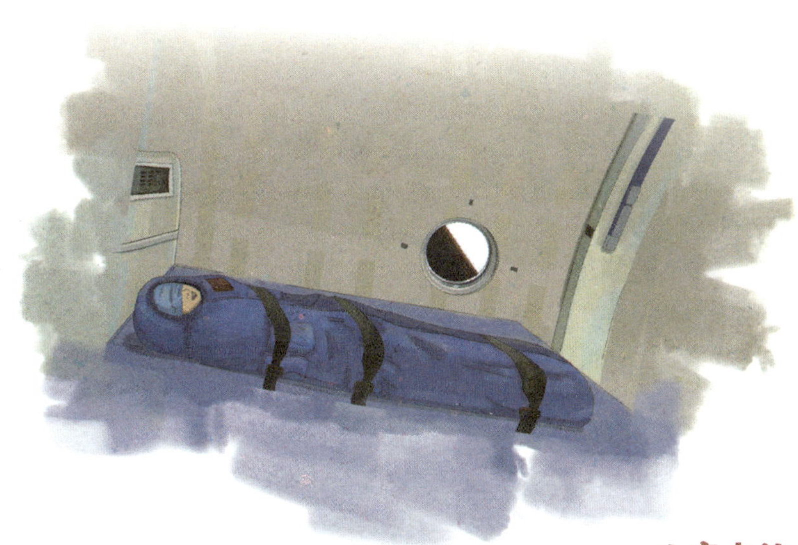

在天和核心舱的睡眠区，航天员也可以享受到和地球相似的睡眠体验，固定睡袋可以帮助航天员保持卧姿睡觉。相对独立的隔间，让航天员既能保留自己的隐私，也能在同伴轮流工作时不受打扰。

太空中的“球景房”

在天和核心舱，航天员的卧室是独立的小隔间，隔间一侧有个舷窗，透过舷窗，可以观看太空的美丽景色，航天员的卧室被称为豪华“球景房”。

“飞檐走壁的航天员”

从进驻空间站开始，航天员就过上了“飞檐走壁”的生活。搞“装修”、拆包裹、拧螺丝、装设备，一飞、一跃、一飘移、一旋转，航天员化身“武林高手”。

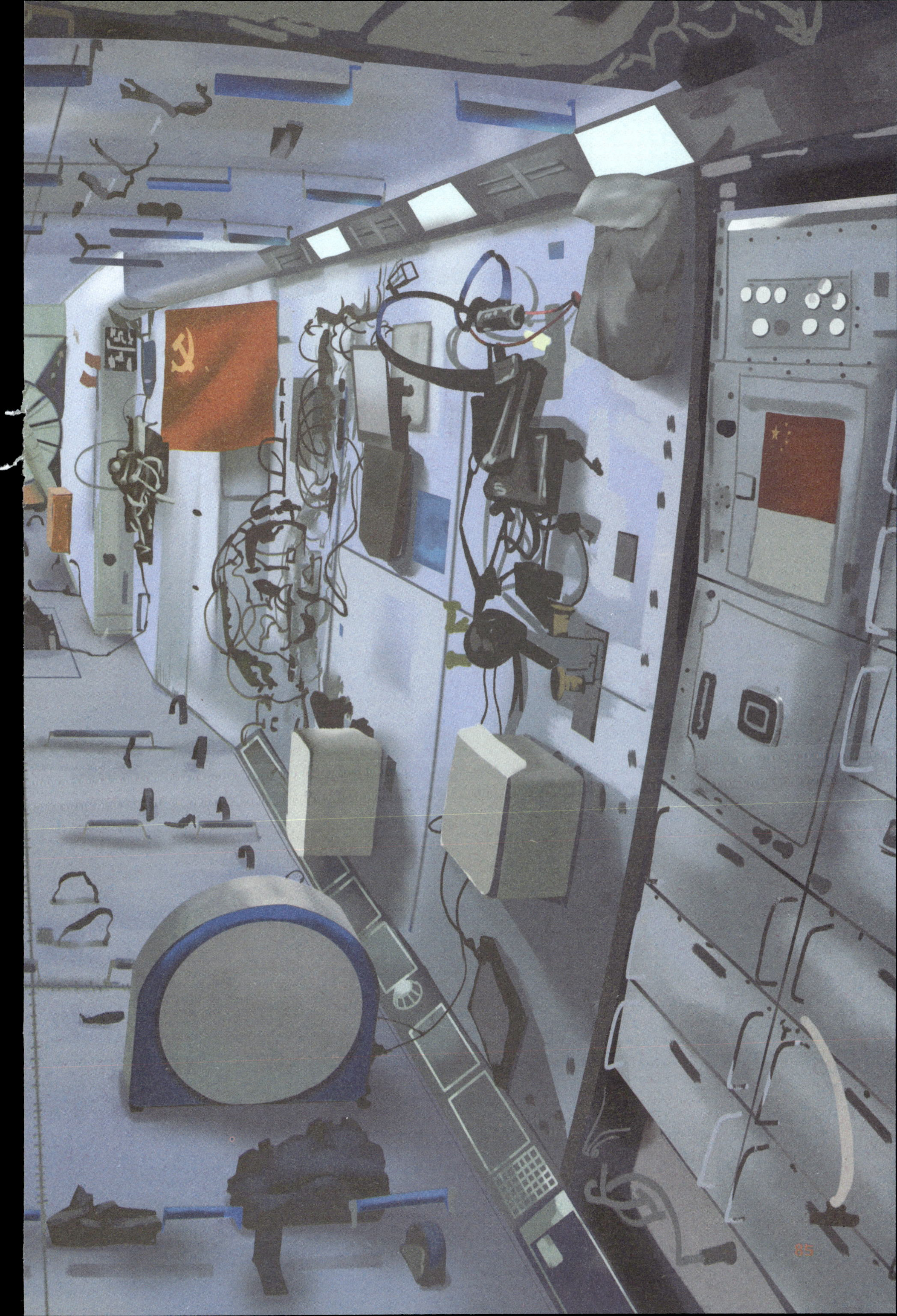

航天员出舱啦

最难的走路——太空行走

航天员离开载人航天器，进入太空的出舱活动，被称为太空行走。人类对于走路并不陌生，但在太空中行走就会有很多不确定的危险。

气闸舱是主要出舱通道，供航天员更换航天服，同时作为缓冲区，防止飞船舱内的空气瞬间跑掉。

气闸舱有两个气闸门，一个与密封座舱连接称为内闸门，另一个是通向太空的外闸门。太空行走是有步骤的：简单地讲，航天员出舱时打开内闸门，进入气闸舱，关闭内闸门，在气闸舱内穿好舱外航天服，然后把气闸舱内的空气抽入座舱内；当气闸舱内的气压和外太空的气压相等时就可以打开外闸门进入太空了。航天员返回座舱时按相反的顺序操作。

太空失重环境下，飞船就要配备脚限位器和扶手，这样航天员就可以在舱外工作。

减压出舱

太空处于真空状态，舱内外温差很大，航天服将航天员和太空恶劣的环境隔开，但是航天服通常是在低压环境下工作的，因此航天员在太空行走前必须降低气闸舱内的气压，同时航天员要提前吸一段时间的纯氧，以减少患减压病的危险。

配备无线电发射器和接收器

航天服配有无线电发射器和接收器，这样出舱进行太空行走时，可以实现出舱航天员之间及航天员与地面之间的无线通话。

安全带

航天员需要用安全带把自己和航天器连在一起，以免在太空中走失。

光照不能强烈

太空行走不能在阳光强烈的时候，因为太阳辐射非常大，航天服只能抵挡有限的辐射，所以太空行走通常都选在太阳活动不剧烈的时间进行。

“飞天”神器——航天服

太空神秘而美丽，但是如果随便穿普通衣服就到太空是很危险的，太空中没有氧气，宇宙射线和带电粒子辐射大，温差可达 300 ℃左右。人类在这样的环境下无法呼吸，体内的器官会膨胀，各种辐射会使人体受到很大的伤害，因为没有重力的作用，高速粉尘或者碎片都会造成很严重的撞击。

基于上述原因，航天员出舱必须穿航天服。航天服分为舱内航天服和舱外航天服两种。舱外航天服是出舱的时候穿的衣服，相当于微缩的航天器，既能满足航天员生命保障需求，又能实现舱外移动，具有防辐射、隔热、防紫外线、防微陨石的功能。因为功能多、结构复杂、原材料要求高等特点，航天服的成本也就很高，所以都说航天服是最贵的衣服。

舱外航天服为航天员创造了一个与地球环境类似的舒适空间，内部始终保持在 20 ℃左右。

舱外航天服

舱外航天服采用绵密多层的织物并配备了特殊的接缝或锥形设计，帮助航天员的手腕、手臂、腿、膝盖和脚踝能正常地弯曲。

头盔

航天服的头盔是由耐用聚碳酸酯制成的，大多数头盔上都有反射阳光的覆盖物和用于减少各种光线的有色遮阳板，方便航天员看到阴暗处的物体。

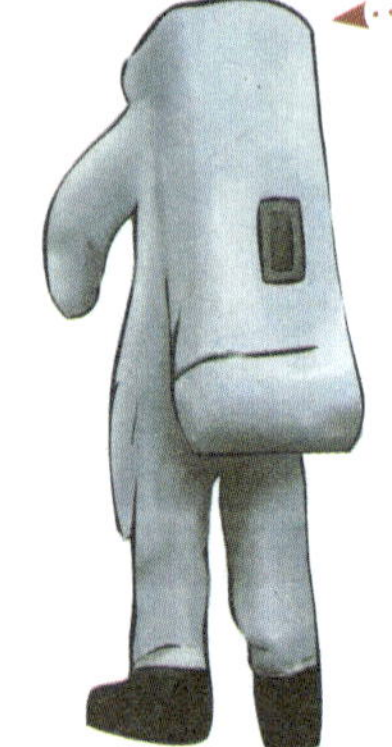

维持生命

提供有压力的环境以防止航天员体液沸腾和器官膨胀，航天服有自己的通风装置，可以把热量散发出去。

排出二氧化碳

二氧化碳的浓度过高也会有危险，航天服会定时排出二氧化碳以降低浓度。

舱内航天服是在航天器内穿的衣服，是航天员在载人飞船中的压力应急救生装备，一般在待发段、上升段、返回段、变轨、交会对接过程中或飞船出现压力应急时使用，为航天员提供生命保障。它包括头盔、压力服、通风和供氧软管，以及可脱戴的手套、靴子等。此外，进舱之前，航天服需要通风，所以航天员出征时手里拎着的小箱子是小型便携通风装置。

提供纯氧呼吸

低压的环境会使人的肺部和血液中氧气浓度变低，所以航天服内给航天员提供纯氧呼吸。

小型便携通风装置

通风装置带电源和风扇，为航天服提供一定的通风量，来保证人体的舒适性。

保障安全

在轨飞行时，航天员穿着的是舱内工作服。如果遇到舱内压力突然变化等特殊情况，通风系统就会自动关闭，所以有突发情况时，航天员会迅速穿上舱内航天服来保护自己的安全。

会爬行的机械臂

机械臂属于智能机器人，中国空间站机械臂是现阶段我国智能程度最高的空间智能制造系统，其在航天员出舱行走、搬运舱外货物、维修核心舱等方面起着重要作用。空间站机械臂由核心舱机械臂（大臂）和问天实验舱机械臂（小臂）组成。

天和核心舱的七自由度机械臂展开长度为 10.2 米，最大直径 4 米左右，最大负载达 25 吨，是空间站任务中的“大力士”。七自由度是对人类手臂的真实还原，本体由 7 个关节，即“肩 3+ 肘 1+ 腕 3”组成，肩部设置肩回转关节、肩偏航关节和肩俯仰关节，肘部设置肘俯仰关节，腕部依次设置腕俯仰关节、腕偏航关节和腕回转关节，这样能最大范围地到达空间站舱体外的很多地方。

视觉相机

机械臂的肩部、腕部、肘部都装有视觉相机，可以对周边环境进行 360° 的拍摄、监控。

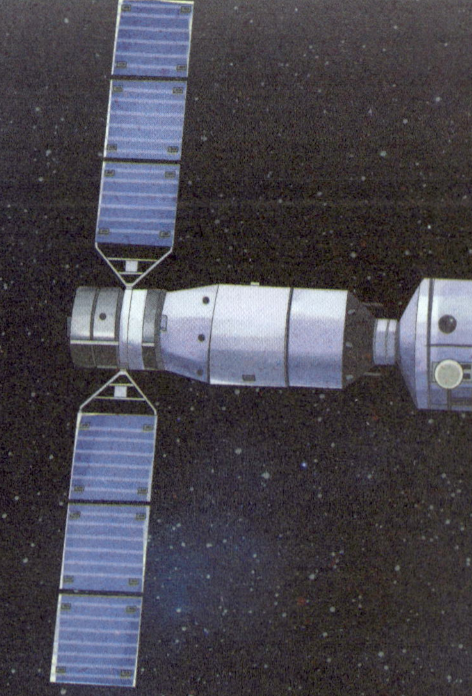

机械臂爬行

机械臂在舱体表面爬行时，一只脚（末端执行器）踩在舱体表面的目标适配器上，另一只脚（末端执行器）向前移动并踩到舱体另一处目标适配器上，这样机械臂交替移动就能到达舱体表面的很多地方。

机械臂主要承担舱段转位、航天员出舱活动、舱外货物搬运、舱外状态检查、舱外大型设备维护等八大类在轨任务。

我国航天员出舱活动时，机动灵活的机械臂发挥了巨大作用。机械臂的使用需要多人合作，一般是由一名航天员在舱内负责操作，另一名航天员则通过机械臂辅助在舱外作业。

由于舱外航天服的有效维持时长仅为 6~8 小时，机械臂能帮助航天员提高舱外作业效率。航天员出舱时把双脚牢牢地固定在机械臂的脚限位器上，这样借助机械臂的移动，航天员的活动范围明显扩大，行动速度更快且目标更准，作业效率大大提高。

辅助出舱

我国航天员第一次出舱的时候，活动范围不是太大，基本是依靠空间站舱体的栏杆扶手自主工作，而现在航天员出舱有了“帮手”，这个“帮手”就是我国自主研发的机械臂。

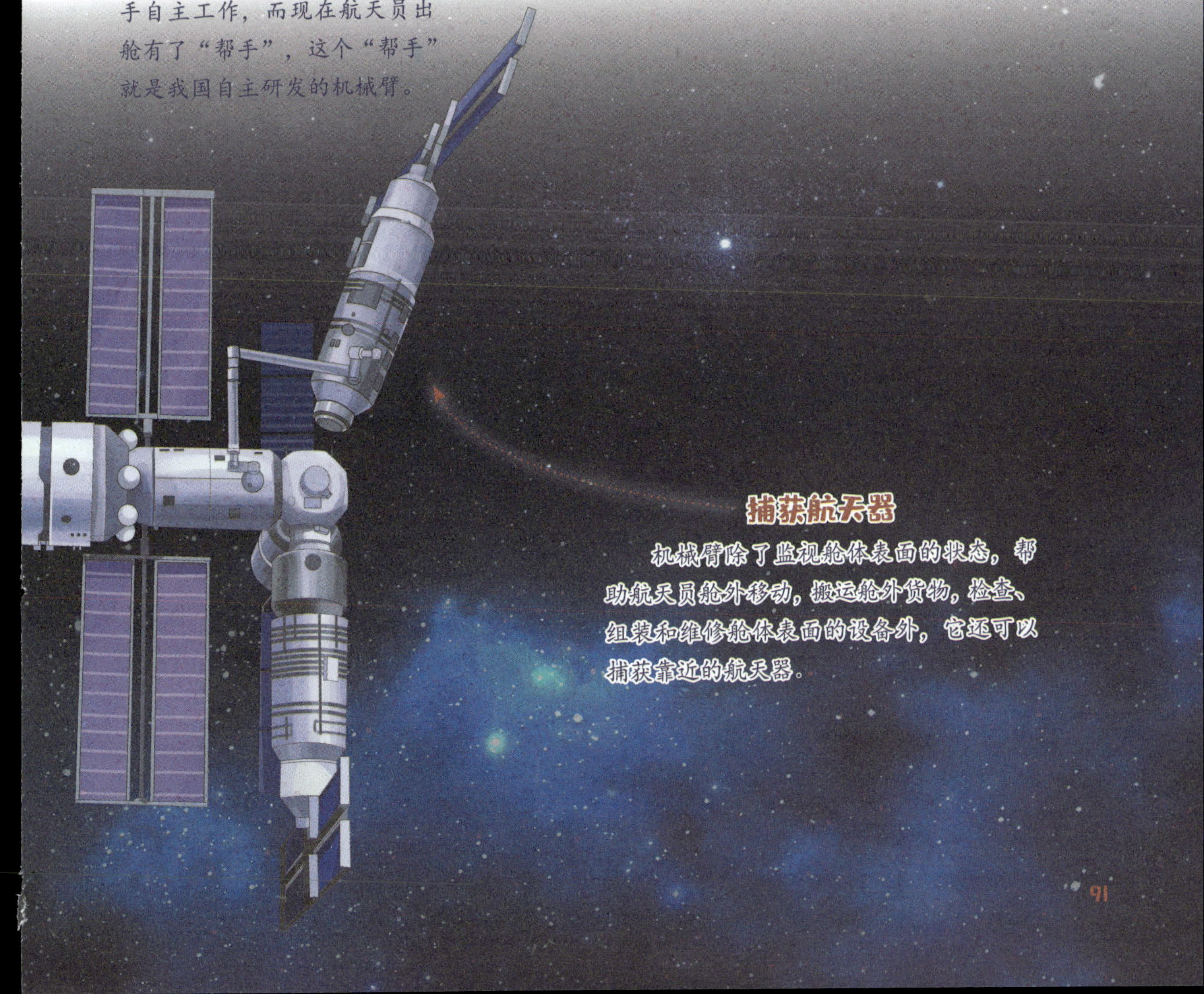

捕获航天器

机械臂除了监视舱体表面的状态，帮助航天员舱外移动，搬运舱外货物，检查、组装和维修舱体表面的设备外，它还可以捕获靠近的航天器。

我要当航天员

谁能当航天员

当航天员不是一件轻松的事情，航天员一般需要具有一些特殊技能和强壮的身体。

随着载人航天技术的进步和人类空间活动不断扩展，航天员承担着越来越多且日益复杂的任务。航天员也具体区分出多种类型，形成了不同的职业分工，选拔和训练方式也随之变化。以 2018 年我国启动选拔的第三批三类航天员为例：

第一类是航天驾驶员，负责操纵、控制载人航天器，他们是在陆、海、空三军现役飞行员中选拔的。未来随着载人登月等任务的开展，职业航天员将应对更加复杂的探测任务，选拔训练标准会更高。

第二类是航天飞行工程师，负责航天器操作、设备管理和维修，同时还要协助航天驾驶员工作，他们是从航空航天工程及相关领域专业的科研和工程技术人员中选拔的。当航天驾驶员出现意外而不能工作时，航天飞行工程师要代行职责。

第三类是载荷专家，从空间科学研究及应用相关领域的科研人员中选拔，负责载人航天器上有效载荷的管理、操作、维修，承担空间科学实验、技术实验、生产加工、科学研究以及其他任务，在飞行期间要负责载荷试验的监视、操作、数据采集和处理，还要进行设备的维修与更换、产品加工与管理，并与载荷控制中心联络等。这类航天员不要求有优异的飞行技术，但是要有科学专长。

载人离心机的吊舱

将人固定在载人离心机的吊舱内，载人离心机会高速旋转，这时人体会处于持续超重状态，甚至脸会变形。以此训练人在超重状态下是否依然能操控飞船。

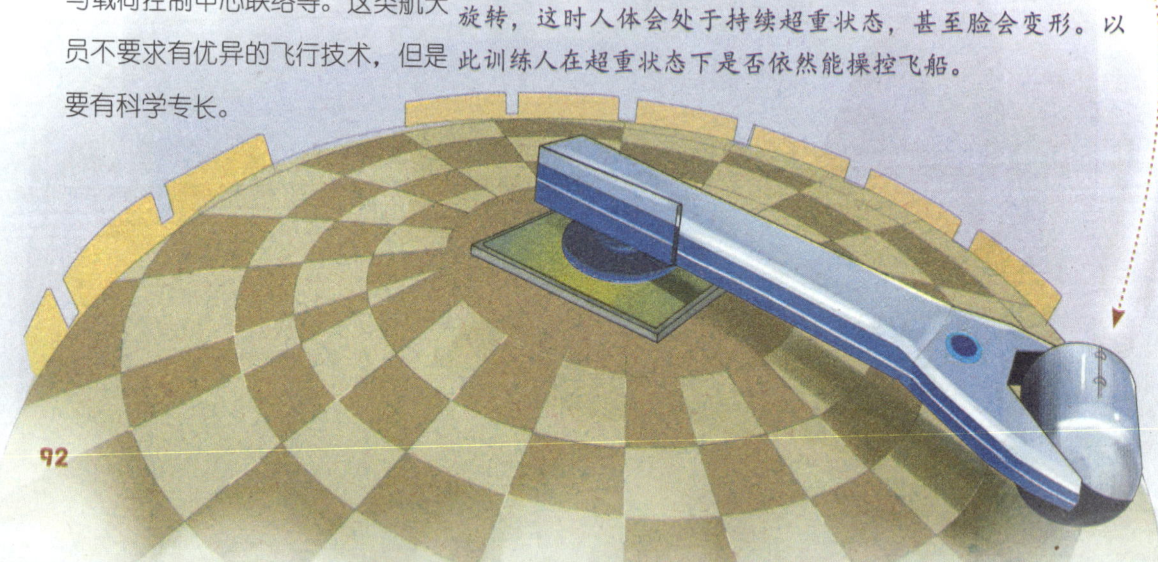

严苛的训练项目

航天员训练项目分八大类，即基础理论培训、体质训练、航天环境适应性训练、心理训练、航天专业技术训练、飞行程序与任务模拟训练、救生与生存训练、大型联合演练。大型联合演练有发射场紧急撤离演练、人船联合测试、人船地联合测试和人船箭地联合测试等。以上除大型联合演练外，其他几项均为航天员职业训练过程中必须完成的训练项目。

转椅　　三维滚环

针对空间站任务特点，航天员新增了空间站技术训练、机械臂技术训练、空间试验和实验技术训练等。

随着载人航天技术进步、飞行技术状态变化，以及人类对航天环境认识的不断深入，航天员职业类型会伴随任务不同而加速分化，选拔训练的方式和方法也会不断调整和完善。

航天员正在模拟失重水槽训练

图书在版编目（CIP）数据

中国航空航天 / 陈馈，王江卡，周蓓主编 . — 郑州 : 河南科学技术出版社，2023.4（2024.2 重印）
（中国超级工程丛书）
ISBN 978-7-5725-1169-1

Ⅰ . ①中… Ⅱ . ①陈… ②王… ③周… Ⅲ . ①航空航天工业 - 工业发展 - 中国 - 青少年读物 Ⅳ . ① F426.5-49

中国国家版本馆 CIP 数据核字 (2023) 第 056362 号

中国航空航天 

出版发行：河南科学技术出版社
地址：郑州市郑东新区祥盛街 27 号 邮编：450016
电话：（0371）65788613 65788857
网址：www.hnstp.cn
总 策 划：张 勇 徐 春
策划编辑：牟 斌 刘燕芳 薛 雪
责任编辑：刘燕芳 薛 雪 许逸舒 牟 斌
责任校对：耿宝文 徐小刚
整体设计：小红帆
插图绘制：姜 雨 王美伦 赵博文
责任印制：宋 瑞
印 刷：三河市同力彩印有限公司
开 本：787 mm × 1 092 mm 1/16 印张：6.5 字数：150 千字
版 次：2023 年 4 月第 1 版 2024 年 2 月第 4 次印刷
定 价：49.80 元